Ljubomir Christov · Objektorientierte Programmiersprache C^{++}

Objektorientierte Programmiersprache C++

Vollständige Einführung anhand von Beispielen

Prof. Dr. Ljubomir Christov

Meiner Tochter Slatina und meiner Frau Katja gewidmet, die dieses Buch möglich gemacht haben. *L. C.*

Die Deutsche Bibliothek — CIP-Einheitsaufnahme

Christov, Ljubomir:
Objektorientierte Programmiersprache C^{++} : vollständige Einführung anhand von Beispielen / Ljubomir Christov. — Düsseldorf : VDI-Verl., 1992
ISBN-13: 978-3-540-62318-2 e-ISBN-13: 978-3-642-95805-2
DOI: 10.1007/978-3-642-95805-2

Softcover reprint of the hardcover 1st edition 1992

ISBN-13: 978-3-540-62318-2

Inhaltverzeichnis

Vorwort

Das vorliegende Buch wendet sich an alle, die einen **Einstieg** in der zukunftsorientierten Sprache C++ im **Selbststudium** betreiben wollen. Zum gegenwärtigen Zeitpunkt ist C++ eine anerkannte Programmiersprache, deren Entwicklung von der AT&T - einer der größten Firmen der USA - kontrolliert wird. Im Herbst 1989 wurde die neue Spezifikation 2.0 der Sprache veröffentlicht, und ANSI kündigte die Aufnahme der Standardisierung an. Dies bestätigt die Tatsache, daß C++ eine lebendige Sprache ist, die dank der in ihr enthaltenen Erweiterungen ihrer Urfassung eine Brücke zwischen den beiden Programmierstilen - dem traditionellen und dem objektorientierten - darstellt. Von vielen Profis wird die Sprache C++ als Werkzeug der nächsten zehn Jahre angesehen.

Ferner ist dieses Buch durch seinen Aufbau und durch die vollständige Beschreibung der Sprache C++ als **Lehrbuch** geeignet. Die Beispiele sind so weit wie möglich rechner- und implementierungsunabhängig gehalten und somit auf den meisten Systemen ohne Änderungen ablauffähig.

Der Aufbau des Buches ist so angelegt, daß **Programmierer, die weder C noch eine frühere Version von C++ (z.B. C++-Version 1.2) kennen, diese Programmiersprache erlernen können**. Es wäre von Vorteil, wenn der Leser eine andere Programmiersprache zumindest ansatzweise kennt (z.B. Pascal, Modula). Auch **Einsteigern** kann dieses Buch helfen, eine moderne Programmiersprache kennenzulernen.

Die vollständigen Anhänge, das ausführliche Indexverzeichnis und die Berücksichtigung des Sprachumfangs der aktuellen Version (AT&T C++ Version 2.0) machen das Buch zum notwendigen und nützlichen **Nachschlagewerk** für viele C++-Programmierer. In den Anhängen werden die syntaktischen Regeln der Sprache aufgelistet, so daß sich der Programmierer dort gezielt einen Überblick über die wichtigsten oder die benötigten Merkmale der Sprache verschaffen kann.

Zusätzlich bietet das Buch eine **Einführung in das objektorientierte Programmieren mit C++.** C-Programmierer mit unterschiedlicher Erfahrung können das Buch nutzen, um die wesentlichen Denkweisen und Konzepte der objektorientierten Programmierung (OOP) schnell kennenzulernen.

Die Idee für dieses Buch entstand nach einem selbstgehaltenen Seminar des Autors über die objektorientierte Programmierung und C++ als Sprache für die Umsetzung dieser Konzepte im Wintersemester 1990/91 und Sommersemester 1991 an der Universität Hamburg.

Die Beispiele sind kurz, prägnant und compilerunabhängig. Sie wurden mit dem dem AT&T Compiler, Version 2.0, auf den Workstations der Firma SUN sowie mit Turbo C++, Version 1.0 von Borland, auf einem AT-Rechner verifiziert.

Aufbau des Buches

Kapitel 1 erläutert die Grundbegriffe und die Konzepte der objektorientierten Programmierung(OOP), zunächst unabhängig von der Sprache C++, anschließend wird im Kapitel 2 ein einführendes Beispiel vorgestellt und anhand dessen der Aufbau eines C++-Programm beschrieben. In Kapitel 3 folgen die Grundlagen über Deklarationen, Definitionen, Typen und Konstanten. Im Kapitel 4 werden die Ausdrücke und die Operatoren erläutert, die die Basis schaffen, um kleine praktische Probleme und Aufgabenstellungen zu formulieren und zu erproben.

Die Anweisungen in Kapitel 5 und die Funktionen im Kapitel 6 beenden den C-spezifischen (nicht objektorientierten) Teil von C++, der trotz einiger wichtiger syntaktischer Unterschiede im wesentlichen identisch ist mit C++.

Kapitel 7 beschäftigt sich mit einer der wesentlichen Neuerungen der Sprache C++ - der Klasse -, anschließend werden im Kapitel 8 die abgeleiteten Klassen erklärt. Danach beschreiben Kapitel 9 und 10 zwei der wichtigsten Eigenschaften der objektorientierten Programmiersprache C++ - die virtuellen Funktionen und das Überladen (Overloading) von Operatoren.

Die Bemerkungen zur Ein-/Ausgabe in Kapitel 11 und der ausführliche Anhang im Kapitel 12 bilden den Abschluß.

1 Konzepte und Grundbegriffe der objektorientierten Programmierung

In diesem Kapitel wollen wir uns mit den Grundideen der objektorientierten Programmierung (OOP) beschäftigen. Überdies werden wir die Grundbegriffe, also das Vokabular, der objektorientierten Sprachen kennenlernen. Wer damit vertraut ist, wird bei der Anwendung von objektorientierten Programmiersprachen (OOPS) wenig Schwierigkeiten haben. Trotzdem ist die Ausprägung dieser Merkmale bei jeder Sprache unterschiedlich. Bei der Begriffserläuterung werden deshalb die Gemeinsamkeiten aufgeführt.

1.1 Objektorientierte Programmierung

Objektorientierte Programmierung ist eine Programmiermethode, die die Art und Weise nachahmt, in der wir die Dinge um uns herum wahrnehmen. Zur Bewältigung der uns umgebenden Komplexität haben wir die Fähigkeit entwickelt, zu generalisieren, zu klassifizieren und zu abstrahieren. Die meisten Begriffen in unserem Wortschatz repräsentieren Klassen, deren Mitglieder gemeinsame (ähnliche oder gleiche) Eigenschaften und Verhaltensweisen zeigen. Zum Beispiel, wenn wir das Wort Hund aussprechen, denken wir an Hunde, ohne ein bestimmtes Tier zu meinen. Die OOPS nützen diese menschliche Denkweise des Klassifizierens und des Abstrahierens aus. Einige OOPS wurden voll von diesem Ansatz aus entwickelt, wie beispielsweise Smalltalk; andere sind dagegen eine Erweiterung vorhandener prozeduraler Programmiersprachen in dieser Richtung, z.B. C auf C++.

Die grundlegenden Ideen der OOP wurden in den 60er Jahren entwickelt, als die Computer nicht mehr vorrangig zur Lösung mathematischer Probleme und zur Nachbildung mathematischer Modelle, sondern zur Simulierung komplexer Systeme und Verfahrensabläufe eingesetzt wurden. Diese Entwicklung und die sie begleitenden Überlegungen schlugen sich auch im Konzept der in dieser Zeit entstandenen Programmiersprachen nieder. Ein historischer Vorläufer der heutigen objektorientierten Programmiersprachen ist die Sprache SIMULA, eine Weiterentwicklung von ALGOL 60, die es erlaubte, die Simulation dynamischer Systeme durch programmtechnische Ausdrücke zu beschreiben.

Das erste objektorientierte Anwendungssystem entstand in den 60-Jahren am MIT (Massachusetts Institute of Technology) und hieß "Sketchpad". Dieses System war ein interaktives Grafiksystem, mit dessen Hilfe der Anwender grafische Objekte konstruieren und am Bildschirm manipulieren konnte. Das Konzept von "Sketchpad" beeinflußte nachhaltig die Entwicklung von grafischen Systemen und CAD-Systemen.

Die 70er Jahre brachten den Übergang von batch-orientierten hin zu interaktiven Systemen. Damit wurde der Computer in vielen Bereichen zum persönlichen Werkzeug am Arbeitsplatz. Der Vorreiter war A.Kay, Leiter der Learning Research Group am XEROX Palo Alto Research Center (PARC), mit der Entwicklung von **Smalltalk**. Diese Sprache ist über eine Reihe von Versionen weiterentwickelt worden und gilt heute als der Prototyp eines vollständig objektorientierten Systems.

In den meisten modernen Sprachen wurden Teilkonzepte der OOP realisiert, oder es existieren Erweiterungen dieser Sprachen, die die Vorteile der OOP nutzen. Dazu gehören Sprachen wie ADA, Modula-2, C, Neon, Mesa, Cedar, Oberon und B2. Besonders interessant sind die Erweiterungen der Programmiersprache C nach C++ oder Objectiv-C und der Sprache Pascal nach Turbo-Pascal, Versionen 5.5 und 6.0.

Auch die Sprachen der künstlichen Inteligenz wurden von den Konzepten der objektorientierten Sprachen beeinflußt. So entstanden Erweiterungen der Programmiersprache LISP, wie z.B. ObjTalk, das Flavor- oder das LOOPS System, die die Klassenhierarchie zur Faktenverwaltung nutzen.

Auf der Hardwareseite wurden Architekturen entwickelt, die die Speicherverwaltung und Bearbeitung von Objekten besonders unterstützen und somit objektorientierten Systeme zur einer Effizienzsteigerung verhelfen. Es wurden nämlich Systeme entwickelt, die den Botschaftsmechanismus, den wir ausführlicher besprechen werden, direkt mit Hardware-Unterstützung abwickeln.

Man kann zusammenfassend sagen, daß der Entwicklungsprozeß der objektorientierten Konzepte auf der Software- wie auch auf der Hardware-Seite noch lange nicht abgeschlossen ist und daß die OOP-Konzepte in den nächsten Jahren noch stärker in die Soft- und Hardwareentwicklung eindringen werden, als dies in den vergangenen Jahren der Fall war. Besonders prädestiniert sind solche Anwendungsgebiete wie Computergrafik, Datenbanken, Desktop Publishing (DTP) und Programmiersprachen.

1.1.1 Abgrenzung der OOPS zur traditionellen Programmiersprachen

In den traditionellen Softwaresystemen, die in den prozeduralen Sprachen, wie z.B. FORTRAN, Pascal oder C, entwickelt worden sind, modifizieren Softwareeinheiten (Prozeduren oder Funktionen) Daten. Die Daten werden von Einheit zu Einheit gereicht und von der jeweiligen Einheit gemäß ihrer Programmierung manipuliert. Diese Systeme gehören zur Gruppe der Daten-/Prozedur-orientierten Softwaresysteme.

Die Probleme bei diesen Systemen entstehen dadurch, daß Daten und die sie manipulierenden Prozeduren als voneinander unabhängige Teile behandelt werden. Daß dies nicht der Fall ist, läßt sich leicht zeigen, denn jede Prozedur setzt voraus, daß die ihr übergebenen Daten den richtigen Datentyp besitzen. Erhält eine Prozedur Daten mit einem anderen als vom Programmierer beim Entwurf festgelegten Datentyp, so wird das Ergebnis der Datenmanipulation (der Funktion) keinesfalls den Erwartungen entsprechen. Normalerweise wird dann das Programm mit einer Fehlermeldung abgebrochen. Der Programmierer ist in einer solchen Umgebung selbst dafür verantwortlich, daß die aufgerufenen Prozeduren mit Daten des richtigen Typs versorgt werden.

In kleinen überschaubaren Softwaresystemen ist diese Unterscheidung noch recht harmlos. Komplexere Systeme dagegen können durch die Trennung von Daten und Prozeduren leicht unübersichtlich und fehleranfällig werden.

In objektorientierten Systemen wird diese Trennung aufgehoben. Zentraler Gegenstand ist in solchen Systemen das Objekt, das beides - die Daten und die Funktoinen für ihre Manipulationen - präsentiert. Jeder Gegenstand innerhalb eines objektorientierten Systems stellt ein Objekt dar. Jedes Objekt kann erzeugt werden, verschiedene innere Zustände annehmen, und, wenn es nicht mehr gebraucht wird, wieder verschwinden (sein Lebenszyklus ist beendet). Beispiele für Objekte in einem System sind Zahlen, Zeichenketten, Bildschirmfenster, Ein- und Ausgabegeräte, grafische Objekte.

1.1.2 Das Botschaftenkonzept

Da in einem objektorientierten System das Objekt im Vordergrund steht, kommunizieren die Objekte untereinander, indem sie sich Botschaften (Messages) zusenden. Eine Botschaft besteht aus einem Empfänger, einem symbolischen Namen und Argumenten. Der symbolische Name wird oft allgemein als Botschaftsselektor bezeichnet. Das Entscheidende hierbei ist, daß der Botschaftsselektor nur die Bezeichnung der gewünschten Manipulation darstellt. Er beschreibt, welche Manipulation das Objekt auszuführen hat, aber nicht, wie die Manipulation ausgeführt wird.

Wenn beispielsweise eine Botschaft - "Fahre nach links" - an das Objekt **Boot** gesendet wird, ist die Angabe des Botschaftsselektors ausreichend, damit das Objekt (**Boot**) die gewünschte Manipulation ausführt, da der Empfänger (**Boot**) selbst die Informationen enthält, wie die gewünschte Manipulation auszuführen ist. Somit ist leicht ersichtlich, daß verschiedene Objekte auf die gleiche Botschaft unterschiedlich reagieren. Ein Objekt kann auf eine Botschaft mit einer Veränderung seines inneren Zustandes, mit Rücksenden einer Antwortbotschaft oder mit dem Versenden von Botschaften an andere Objekte reagieren.

Die Beschreibung der Reaktion eines Objektes auf eine Botschaft wird im allgemeinen als Methode des Objekts bezeichnet. Zum Beispiel beim Objekt **Boot,** welches die Botschaft "Fahre nach links" erhält und versteht, beschreibt eine Methode die Funktionalität, die das Boot nach links verschieben läßt. Objekte wie Auto oder Flugzeug verstehen die gleichlautende Botschaft, aber als Reaktion benutzen sie eine andere Methode.

Eine Methode ist wie eine Prozedur eine Sequenz von verschiedenen Aktionen. Sie kann aber im Gegensatz zu einer Prozedur eine andere Methode nicht direkt aufrufen, sondern sie muß einem Objekt eine Botschaft senden, um eine andere Methode zu aktivieren. Die oben erwähnten Argumente (Parameter) einer Botschaft können selbst wieder Objekte im System darstellen und Botschaften verstehen.

Die Objekte haben also sozusagen ein "Außen" und ein "Innen". Nach außen sind für die anderen Objekte im System nur die Methoden bekannt, auf die das Objekt reagieren kann. Im Inneren des Objektes sind die Implementierung der Methoden und sein interner Zustand verborgen. Damit erkennt man schon, daß bei objektorientierten Programmierung die Betrachtungsweise umgekehrt ist zu der der prozeduralen Sprachen (PS). So tritt an Stelle der Frage "Auf welchem Datentyp ist die Prozedur anwendbar?" die Frage "Welche Operationen lassen sich erfolgreich auf das Objekt anwenden?" bzw. "Welche Botschaften versteht das Objekt?".

In den herkömmlichen Programmiersprachen kann beispielsweise die Funktion "+" auf verschiedene Datentypen angewendet werden:

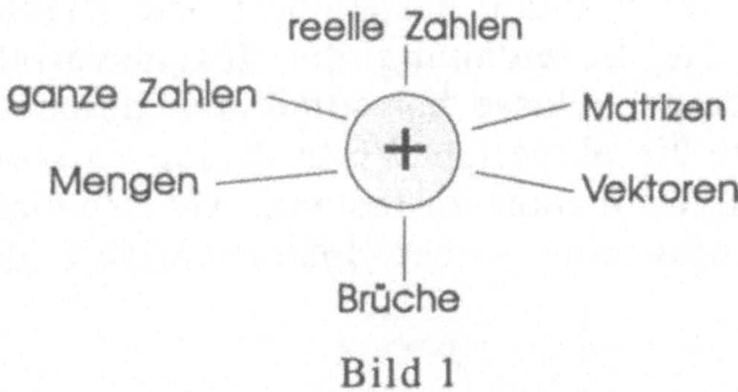

Bild 1

Beim OOP-Ansatz gruppieren sich hingegen auf das Objekt anwendbaren Operationen um das Objekt herum.

Bild 2

1.1.3 Klassenkonzept

In den objektorientierten Systemen (OOS) wird zwischen der Beschreibung des Objektes (seiner Deklaration) und dem Objekt selbst (einer Instanz) unterschieden. Die Beschreibung eines Objektes bezeichnet man als Klasse des Objekts. Eine Klasse beschreibt somit alle Objekte, die sich ähnlich verhalten, bzw. die gleichen Methoden besitzen und die gemeinsamen Eigenschaften haben. Jedes Objekt in einem OOS wird einer Klasse zugeordnet. Es wird als Instanz einer Klasse bezeichnet. So z.B. sind alle Autos eine Klasse und unser eigenes Auto (Farbe oder Marke) ist eine Instanz davon.

Jede Instanz einer Klasse enthält Informationen, die sich von den anderen Instanzen der Klasse unterscheiden. Diese Informationen werden in privaten Variablen, den sogenannten Instanzvariablen, gespeichert. Die Klasse legt die Anzahl und die Bezeichnung der Instanzvariablen fest. Jede Instanz einer Klasse hat somit die gleichen Instanzvariablen, nur die aktuellen Werte dieser Variablen unterscheiden sich von Instanz zu Instanz. Als Beispiel wäre die Farbe des Autos eine solche Instanzvariable der Klasse **Auto**.

Es kann noch eine weitere Art von Variablen existieren, die sogenannten Klassenvariablen. Diese Variablen werden von jeder Instanz der Klasse geteilt und stehen damit als globale Variablen für die Instanzen einer Klasse zur Verfügung, wie z.B. die statischen Variablen in C++-Klassen.

Zu einer Klasse gehört nicht nur die Beschreibung ihrer Instanz- und Klassenvariablen, sondern auch die Methodendeklarationen- und implementierungen der Instanzen, da alle Instanzen einer Klasse die gleichen Methoden besitzen. Sie definiert damit die Menge der Methoden eines Objektes, die auch als Protokoll eines Objekts bezeichnet wird.

Der Begriff der Klasse erinnert stark an den Begriff des abstrakten Datentyps aus der theoretischen Informatik, der auch die Operationen definiert, mit denen auf ihn zugegriffen werden kann. Der Klassenbegriff umfaßt aber noch mehr Aspekte, auf die wir später ausführlicher eingehen werden.

1.2 Grundbegriffe der objektorientierten Pogrammiersprachen

Die grundlegenden Eigenschaften, die eine Programmiersprache besitzen muß, damit sie als OOPS bezeichnet werden kann und darf, können in folgender Weise beschrieben werden:

- Kapselung (Informations-Hidding, Datenabstraktion)
- Polymorphismus (virtuelle Funktionen, dynamische Bindung)
- Vererbung

Diese Begriffe sind in etwa die Quintessenz der in der Fachliteratur kreisenden Begriffsbestimmungen. Deshalb wird im Folgenden darauf und auf die Konzepte, die dahinter stehen, näher eingegangen.

1.2.1 Kapselung

Kapselung ist die Kombination einer Datenstruktur, mit den Funktionen (Aktionen oder Methoden), die diese Daten manipulieren. Die Kapselung beruht auf einem neuen Struktur- und Datentyp-Mechanismus, der Klasse. Durch die Klasse werden die Konzepte des Information-Hiding und der Datenabstraktion verwirklicht.

Das Information-Hidding, das bewußte Verstecken von internen Informationen, ist ein wichtiger Bestandteil des Software Engineering, der die **Zuverlässigkeit** und die **Modifizierbarkeit** eines Softwaresystems gewährleistet. Der interne Status, in dem sich ein Softwaremodul zu einem bestimmten Zeitpunkt der Programmausführung befindet, wird durch seine privaten Variablen beschrieben, die nur innerhalb des Moduls **sichtbar** und somit **modifizierbar** sind. Weiterhin wird nur einer Anzahl von Prozeduren und Funktionen erlaubt, diese Variablen direkt zu manipulieren. Da die Variablen von außen nur über eine definierte Schnittstelle zu erreichen sind, hat man hierbei die Möglichkeit, Implementierungsdetails in den Modulen zu verstecken. Änderungen der internen Datenstrukturen oder Prozedurimplementierungen, soweit sie nicht die Modulschnittstelle betreffen, können somit vorgenommen werden, ohne andere Module des Softwaresystems zu beeinflüssen. Damit kann man das System überhaupt leichter modifizieren.

Die meisten der modernen Programmiersprachen, wie z.B. ADA, MODULA-2 oder C, unterstützen ebenfalls das Konzept des Information-Hiddings.

Durch die Datenabstraktion wird das Konzept des Information-Hiddings gewährleistet. Eine abstrakte Datenstruktur wird durch ihre interne Repräsentation von Daten und die Implementierung von Prozeduren und Funktionen, die auf die internen Daten zugreifen dürfen, definiert. Eine Sprache, die Datenabstraktion ausgezeichnet unterstützt, ist MODULA-2. Durch den Abstraktionsmechanismus wird sichergestellt, daß auf interne Daten nur durch die Prozeduren und die Funktionen des Moduls zugegriffen wird. Dies erhöht die **Softwarezuverlässigkeit**, macht das System **überschaubar** und verhindert, daß Datentypen und Implementierungsentscheidungen über das gesamte Softwaresystem verstreut werden.

Durch die Datenabstraktion wird **die Wartung** und die **Pflege** des Softwaresystems unterstützt. Fehler können einfacher lokalisiert werden, da die Prozeduren, die auf die Daten manipulierend zugreifen, begrenzt sind. In MODULA-2 weist die Realisierung der Datenabstraktion einige Schwachstellen auf. So müssen z.B. die Prozeduren innerhalb eines Moduls eindeutige Namen besitzen. Wenn ein Modul zwei abstrakte Datentypen STACK und SCHLANGE benutzt (importiert), so müssen die Initialisierungsprozeduren dieser beiden Datentypen eindeutige Namen haben, z.B. **Init_STACK** und **Init_SCHLANGE**. Beide Prozeduren verrichten aber sinngemäß die gleiche Arbeit. In OOS ist diese Forderung nicht notwendig, da der Name einer Methode nicht an ihre Implementierung gebunden ist. Verschiedene Objekte können daher eine Botschaft "Initialisiere" verstehen. Noch wichtiger in MODULA-2 ist die Einschränkung (Forderung), daß abstrakte Datentypen den definierten Datentyp bearbeiten können. Im vorher erwähnten Beispiel kann der abstrakte Datentyp STACK nur den in seiner Implementierung angegebenen Datentyp, z.B. **real**, speichern. In der Sprache ADA, die auch abstrackte Datentypen unterstützt, wird versucht, das angesprochene Problem durch Operatorüberladung zu lösen. Die Operatorüberladung erlaubt einem Programm, verschiedene Funktionen und Operatoren mit dem gleichem Namen zu benutzen.

Welche der gleichnamigen Prozeduren aufgerufen wird, wird erst zur Compilerzeit durch die Anzahl, die Typen und die Reihenfolge der aktuellen Parameter entschieden. Dieser Mechanismus entspricht z.B. dem Fall des Operators "+" bei den herkömmlichen Programmiersprachen. Erst während der Übersetzung wird durch die Operanden festgelegt, ob die Ganzzahl- oder die Gleitkomma-Additionsroutine aufgerufen und ob eine implizite Typkonvertierung durchgeführt wird.

1.2.2 Polymorphismus

Mit Polymorphismus (griechisch, 'viele Formen haben') wird die Möglichkeit bezeichnet, eine Aktion (Methode) in einer Klassenhierarchie mit einem für alle Klassen gemeinsamen Bezeichner zu benennen; die Aktion selbst wird dann in jeder Klasse unterschiedlich implementiert. Diese Eigenschaft wird über die sogenannten virtuellen Funktionen (z.B. C++, Pascal 6.0) erreicht. Damit wird die späte Bindung möglich gemacht.

Die späte Bindung, oft auch dynamische Bindung genannt, erweist sich als eines der wichtigsten Konzepte der OOP. Unter dem Begriff Bindung versteht man das Zusammenführen der Prozeduren und Funktionen mit den Daten, die sie manipulieren sollen. In den traditionellen Programmiersprachen, wie z.B. FORTRAN oder C, ist allein der Programmierer für die Bindung verantwortlich. Er legt schon beim Schreiben des Codes fest, an welche Stellen eine bestimmte Prozedur aufgerufen wird. Der Compiler trägt eine Referenz in die Bindeliste ein, die dann vom Binder aufgelöst wird. Diese Art der Bindung wird auch als frühe Bindung bezeichnet.

In einigen Hochsprachen, wie in ADA, wird versucht, den Bindeprozeß vom Zeitpunkt der Code-Erstellung zum Zeitpunkt des Compilierens zu verlagern. Erreicht wird dies durch das Prinzip der schon erwähnten Operatorüberladung. Dadurch wird der geschriebene Code von den benutzten Datentypen unabhängiger und somit einfacher zu modifizieren und wiederzuverwenden. Änderungen, die durch Modifizieren der benutzten Datenstruktur nötig werden, betreffen nur wenige Routinen. Erneutes Compilieren stellt dann sicher, daß die aufgerufenen Prozeduren korrekt zusammengebunden werden können. Bei den objektorientierten Sprachen ist es im Gegensatz dazu möglich, die Bindung erst zur Laufzeit durchzuführen, da die Botschaft an ein Objekt, eine seiner Methoden auszuführen, nur mittelbar mit der zugehörigen Methodenimplementierung zusammenhängt. Wenn ein Objekt eine Botschschaft empfängt, so wird erst zur Laufzeit die konkrete Methode bzw. die Adresse der Methodenimplementierung ermittelt.

Dieses Prinzip der späten Bindung garantiert den objektorientierten Sprachen eine größere Flexibilität, als dies bei einer frühen Bindung der Fall wäre. Variablen in OOS können somit typenfrei sein. Der "Typ" eines Objektes, auf den eine Variable zeigt, ist durch die Klasse des Objektes bestimmt. Weitaus wichtiger ist jedoch, daß in den OOS der Code durch das Prinzip der späten Bindung von Datentypen unabhängig wird. Ein Beispiel soll dies verdeutlichen. In einem Grafiksystem können Rechtecke, Dreiecke und Kreise auf dem Bildschirm dargestellt werden. Die Menge der aktuell auf dem Bildschirm dargestellten Objekte wird in einer verketteten Liste verwaltet. Zum Neuzeichnen aller Figuren auf dem Bildschirm (mit einer **erneuern**-Funktion) muß die Liste sequentiell durchlaufen und jedes in ihr enthaltenes Element neu gezeichnet werden. In einer traditionellen Programmiersprache wie C würde der Code für eine solche Funktion so aussehen:

```
zei = erneuern_list; // erneuern_list: eine Liste geometrischer Objekte
while (zei > NIL) {
  switch (zei.objekt) {
   case rechteck : zeichnen_rechteck(zei.objekt);
   case kreis    : zeichnen_kreis(zei.objekt);
   case dreieck  : zeichnen_dreieck(zei.objekt); }
  zei = zei.next;
}
```

Man sieht hier sehr deutlich, daß die Schleife für das Erneuern sehr eng mit den Datentypen der Objekte verbunden ist. Ein sehr ähnliches Beispiel in der Sprache C++ wird später im Kapitel 9 angesprochen und ausführlich diskutiert. Bei einer Änderung der Objektdatentypen, z.B. beim Ergänzen neuer Datentypen, muß an dieser Stelle der Code modifiziert werden. Bei OOPS könnte die obige Funktion dann wie folgt realisiert werden:

```
zei = erneuern_list;
while (zei != NIL)
{
  zei.zeichnen;          // zeichnen ist eine Methode für das
  zei = zei.next         // Zeichnen des ausgewählten Elementes
}
```

Wie man deutlich sieht, ist diese Funktion für das Erneuern der Elemente auf dem Bildschirm plötzlich von den Datentypen der Elemente unabhängig. Es können in das System beliebig viele neue grafische Objekte aufgenommen werden, ohne daß an dieser Stelle Änderungen notwendig werden. Die Objekte wissen selbst, wie sie gezeichnet werden und wie die Funktion heißt, die sie dazu aufrufen müssen. Die Fallunterscheidung nach den Datentypen (der Klassen) erledigt der Botschaftsmechanismus.

Es muß aber auch gesagt werden, daß die späte Bindung nicht nur Vorteile, sondern auch einige Nachteile hat. Einer dieser Nachteile ist, daß zur Zeit des Compilierens keine Aussagen darüber gemacht werden können, ob das Objekt, an das eine Botschaft gesendet wird, die Botschaft auch verstehen kann bzw. ob die angeforderte Methode in der Klasse des Objekts implementiert ist. Wenn dies nicht der Fall ist, dann reagiert das Objekt zur Laufzeit mit einer Fehlermeldung. Anderseits führt die späte Bindung zur Verringerung der Geschwindigkeit bei der Ausführung der Programme.

1.2.3 Vererbung

Die Vererbung ist die Möglichkeit, Daten und Funktionen aus einer oder mehreren bereits existierenden Klassen (Basisklassen) zu erben. Dies ist ein weiteres Schlüsselkonzept der OOP. Dabei können die neuen (abgeleiteten) Klassen durch Hinzufügen neuer Daten und Funktionen abgeändert werden. Dies geschieht durch abgeleitete Klassen und ermöglicht die Entstehung einer Klassenhierarchie.

Das Prinzip der Vererbung wird benutzt, um aus allgemeineren Klassen spezielle Klassen zu bilden. Die abgeleitete Klasse bezeichnet man als Unterklasse (Subclass) der allgemeineren Klasse, während die allgemeinere Klasse als Oberklasse (Superclass) der speziellen Klasse bezeichnet wird. In einer abgeleiteten Klasse werden lediglich die Unterschiede oder die Ergänzungen zur Oberklasse spezifiziert, da sie die Instanz- und Klassenvariablen sowie die Methoden der primitiveren Klasse erbt. Somit kennen die Instanzen einer Unterklasse die Methoden ihrer Oberklassen. Eine Klasse besitzt je nach Implementierung und Version der Sprache nur eine oder mehrere Oberklassen, dann spricht man entweder von einfacher (hierarchischer) oder mehrfacher Vererbung. Im zweiten Fall wird auch der Botschaftsmechanismus komplizierter.

Als Beispiel wird ein einfaches OO-Grafiksystem vorgestellt:

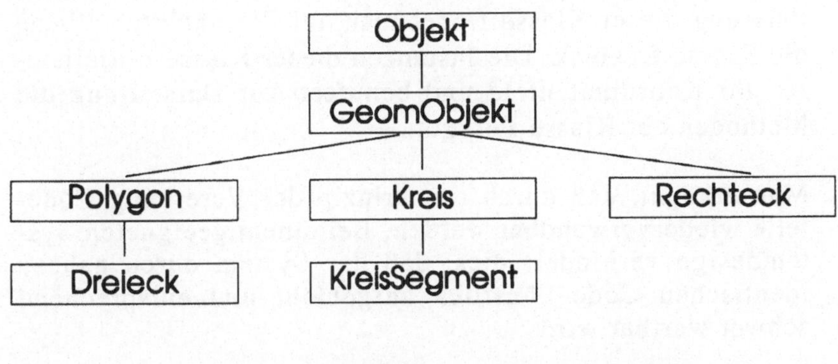

Bild 3

In der Wurzel des Baums steht wie in den meisten objektorientierten Systemen die Klasse "Objekt". Ihre Methoden können von allen Instanzen der Klasse im Baum benutzt werden. Hierzu gehört z.B. eine Methode AUSGABE, die den Namen des Objekts ausgibt, oder Methoden, die zur Objektverwaltung dienen. Auf der zweiten Ebene findet man die Klasse **GeomObjekt**, die als Instanzvariablen den Mittelpunkt und die Ausdehnung aller grafischen Objekte besitzt (z.B. den Rahmen eines aktivierten Objektes und dessen Mittelpunkt), sowie Methoden, um auf die Instanzvariablen zuzugreifen und sie zu modifizieren. Auf der nächsten Ebene sind die Klassen der grafischen Objekte - **Kreis, Rechteck und Polygon** - realisiert. Diese grafischen Klassen sind Spezialisierungen der Klasse **GeomObjekt**. Eine Instanz der Klasse **Kreis** kann nicht direkt auf die Instanzvariablen der Klasse **GeomObjekt** zugreifen, um ihre Position zu verändern. Sie muß stattdessen eine Methode VERSCHIEBEN aufrufen, die auf die Positionsvariablen zugreifen und sie manipulieren darf.

Im angegebenen Objektraum steht die Klasse **Polygon** auf der dritten Ebene. Sie enthält als Instanzvariable ein Feld von Koordinaten, die die Eckpunkten eines Polygonzugs repräsentieren sowie die Anzahl der Kanten. Die Klasse kann Methoden wie ZEICHNEN und DREHEN besitzen, die den Polygonzug darstellen und verändern. Als Spezialisierung dieser Klasse findet man auf der nächsten Ebene die Klasse **Dreieck**. Die Instanzen dieser Klasse initialisieren ihr Koordinatenfeld und benutzen zur Darstellung die Methoden der Klasse **Polygon**.

Man erkennt, daß durch das Prinzip der Vererbung Codeteile wiederverwendbar werden. Bei einem geeigneten Systemdesign verhindert dies, daß das System durch nahezu identischen Code künstlich aufgebläht und entsprechend schwer wartbar wird.

In einer Klasse kann aber auch eine Methode, die in einer untergeordneten Klasse bereits definiert ist, neu definiert werden. Als Beispiel hierfür kann die Methode ZEICHNEN der Klasse **KreisSegment** angeführt werden. Die Klasse erbt zwar die Instanzvariable Radius aus der Klasse Kreis, aufgrund einer anderen Darstellung muß aber die Methode ZEICHNEN der Klasse Kreis umdefiniert werden.

Die Klassen auf einem Pfad des Baumes bezeichnet man als eine Vererbungskette. Ein Objekt einer Klasse kann somit alle Methoden der Klassen verstehen, die auf diesem Pfad liegen. Die Klassen, die in der Vererbungskette weiter von der Basisklasse entfernt sind, sind konkretere Klassen. Im Gegensatz dazu stehen die abstrakteren und elementareren Klassen im "Wurzelbereich" des Baumes, dessen Methoden meist maschinennah programmiert sind, um eine effiziente Implementierung grundlegender Mechanismen zu ermöglichen.

An dieser Stelle möchten wir näher auf das Prinzip der Implementierung des Vererbungsmechanismus und der späten Bindung eingehen /Pasc86/.

In dem Bild 4 sind die Datenstrukturen und deren Verkettungen dargestellt, die die Vererbungshierarchie in einem objektorientierten Programmsystem ermöglichen. Diese Anordnung entspricht der von **Smalltalk**. Sie taucht aber in ähnlicher Form bei den anderen objektorienteirten Sprachen und Systemen ebenfalls auf.

Die zentrale Komponente ist das Schema (Datenstruktur) der Klasse. Sie enthält Informationen über die Anzahl, die Art und die Bezeichnungen der Instanzvariablen, um Instanzen der Klasse zu erzeugen und sie zu verwenden. Weiterhin kann die Datenstruktur einer Klasse die sogenannten Klassenvariablen und ihre Namen enthalten. Die Klassenvariablen werden benutzt, um Informationen zu speichern, auf die alle Instanzen der Klasse zugreifen können.

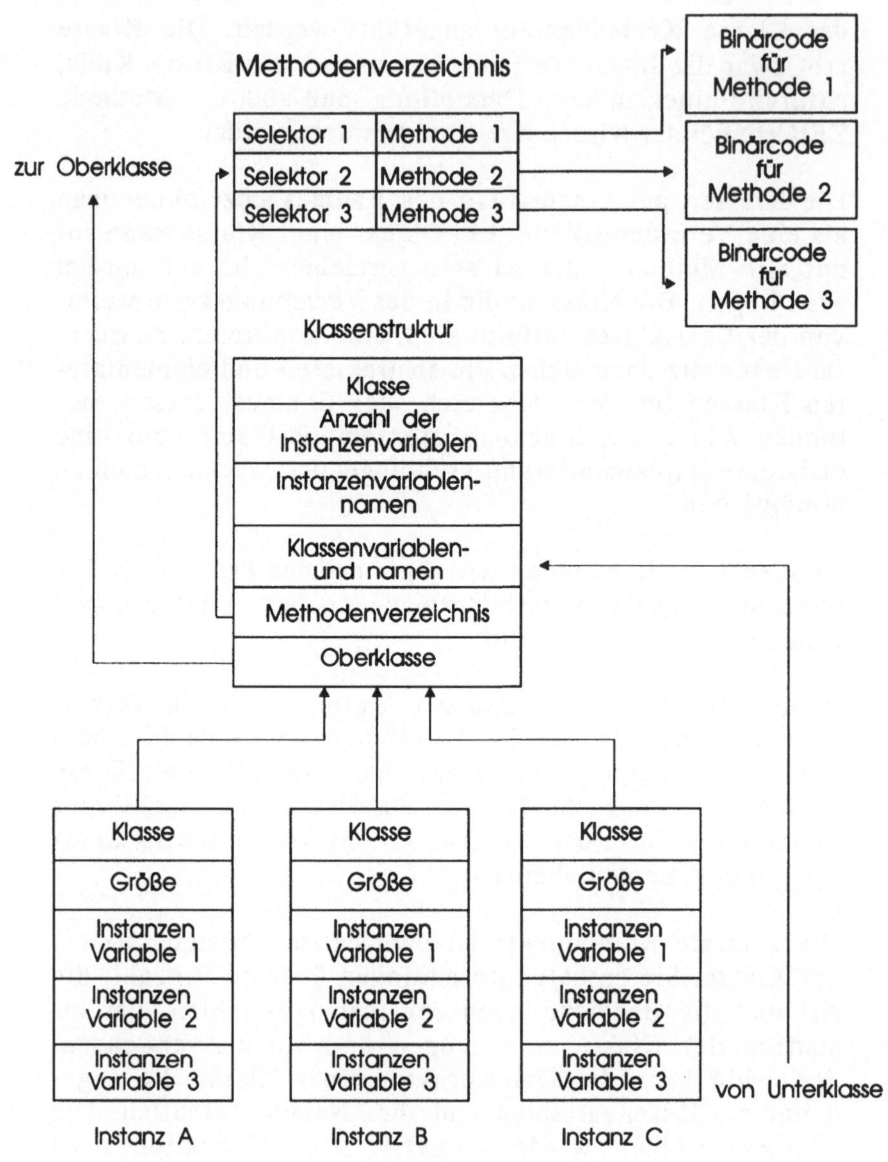

Bild 4

Das Methodenverzeichnis einer Klasse stellt eine Tabelle dar, in der Paare von Botschaftsselektoren und Zeiger auf die Methodenimplementierungen enthalten sind. Wenn ein Objekt eine Botschaft empfängt, dann wird über den Zeiger des Objekts auf das Methodenverzeichnis der Klasse zugegriffen und das passende Botschaftsmuster herausgesucht. Der zugehörige Methodenzeiger verweist auf die Adresse der Methodenimplementierung.

Wird im Methodenverzeichnis der Klasse das Muster der empfangenen Botschaft nicht gefunden, dann muß die Suche nach der gewünschten Methode im Methodenverzeichnis der Oberklasse fortgesetzt werden. Den Zugriff auf die Oberklasse ermöglicht ein Zeiger in der Datenstruktur der Klasse. Es werden alle Methodenverzeichnisse der Oberklassen durchsucht, bis der gesuchte Botschaftsselektor gefunden oder die Klasse an der Wurzel der Vererbungshierarchie angekommen ist. Wenn die gesuchte Methode auch in dieser Klasse nicht implementiert ist, wird dies durch Ausgabe einer Fehlermeldung mitgeteilt.

Die Datenstrukturen der Instanzen einer Klasse besitzen neben ihren Instanzvariablen noch einen Zeiger auf ihre Klasse, der bei der Methodensuche oder bei der Feststellung der Klasse des Objektes benutzt wird.

2 Ein einführendes Beispiel

In diesem Kapitel werden einige grundsätzliche Dinge der Programmierung in C++ eingeführt. Zunächst wird ganz allgemein erläutert, was unter einem (Computer)Programm zu verstehen ist, danach erfolgt der Übergang zu einem "echten" C++-Programm.

2.1 Was ist überhaupt ein Programm ?

Wenn ein Europäer das Wort "Programm" hört, fallen ihm zunächst zwei Dinge ein: Computer und Fernsehen. Uns interessiert primär der erste Fall, aber auch in vielen anderen Situationen handelt der Mensch oft nach einem Programm. Nehmen wir ein Beispiel aus dem Bereich des Kochens /Kotu91/.

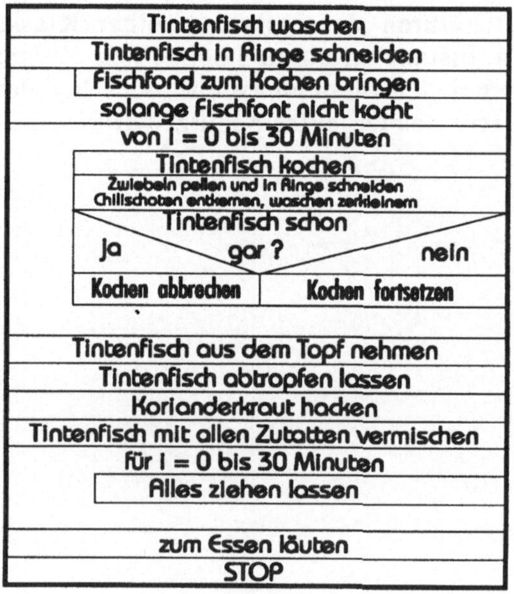

Tintenfisch waschen
Tintenfisch in Ringe schneiden
Fischfond zum Kochen bringen
solange Fischfont nicht kocht
von I = 0 bis 30 Minuten
Tintenfisch kochen
Zwiebeln pellen und in Ringe schneiden
Chillischoten entkernen, waschen zerkleinern
Tintenfisch schon gar ?
ja
nein
Kochen abbrechen
Kochen fortsetzen
Tintenfisch aus dem Topf nehmen
Tintenfisch abtropfen lassen
Korianderkraut hacken
Tintenfisch mit allen Zutatten vermischen
für I = 0 bis 30 Minuten
Alles ziehen lassen
zum Essen läuten
STOP

Bild 5

Rein intuitiv sollte Ihnen in etwa klar sein, wie Sie den Salat herstellen können. Genauso arbeitet auch ein Computerprogramm. Es werden bestimmte Aktionen ausgeführt, wie z.B. eine Text- oder Grafikausgabe auf dem Bildschirm oder die Addition zweier Zahlen. An manchen Stellen werden Aktionen wiederholt und an anderen werden sie nur unter bestimmten Voraussetzungen (Bedingungen) ausgeführt. Mit anderen Worten, ein Computerprogramm ist eine Reihe von zusammenhängenden Anweisungen, von denen alle oder mindestens einige ausgeführt werden müssen, um aus den Eingangsinformationen das erwartete Ergebnis (z.B. Salat) zu bekommen.

Ein Computerprogramm wird in der Regel zuerst in Form eines Struktogramms, wie oben, dargestellt und überprüft. Danach werden die einzelnen Aktionen in einer Programmiersprache (z.B. C++) formuliert. Das so geschriebene Computerprogramm muß syntaktisch korrekt sein, damit es vom Compiler überhaupt übersetzt und danach ausgeführt werden kann (d.h. ein Ergebnis liefern, egal welches). Dann darf man auf das Ergebnis gespannt sein. Unser Ziel ist, mit diesem Buch Kenntnisse zu vermitteln, um lauffähige das gewünschte Ergebnis liefernde Programme in der objektorientierten Sprache C++ schreiben zu können. Die in der Literaturliste angegebenen Quellen enthalten weitere Informationen über die Struktogrammsymbole und deren Bedeutung.

2.2 Aufbau eines C++-Programms

Wie allgemein üblich soll unser erstes Programm nicht viel leisten, sondern relativ einfach und leicht verständlich sein, um uns einen Einblick in die Sprache C++ zu vermitteln. Zum Beispiel:

```
/* Dieses Programm bestimmt für eine eingegebene Zahl n die
Anzahl der Permutationen aus 1 bis n Zahlen und speichert sie in
```

```
einem Vektor vektor ab. Abschließend weden die Inhalte des
Vektors ausgegeben.*/
#include <iostream.h>
int j, i;

// Definition einer Funktion permut  mit einem Parameter i, die
// als Ergebnis die Anzahl der Permutationen aus n
// verschiedenen Zahlen liefert
int permut(int j) {
int ergebnis = 1;
for (i = 1; i < j; i++)
ergebnis = ergebnis*i;
return  ergebnis;
}
// Beginn des Hauptprogramms
main()
{
int i = 0;
cout << "Geben Sie die Anzahl del Elemente ein: \n";
cin >> i;
// Definition eines Vektors.
int vektor[i];

vektor[0] = 1;

for (i = 1; i < 10; i++)
  vektor[i] = permut(i);
i = 0;
cout << "\t Die Ergebnisse sind: \n";
while (i < 10) {
   cout << "für << i << "Elemente =" << vektor[i] << "\n";
   i++;
```

Im obigen Programm sind am linken Rand Zeilennummern aufgeführt (wie bei einem Ausdruck eines Programms), damit wir uns so leichter auf Teile des Programms beziehen können, z.B. bei der Erklärungen oder Fehlersuche. Sonst dürfen diese Zeilennummern in einem zu übersetzenden Programm nicht vorkommen.

Ein in der Sprache C++ geschriebenes Programm besteht im allgemeinen aus Kommentaren, Direktiven des Präprozessors, Definitionen und Anweisungen. Das Beispielprogramm beginnt mit einem Kommentar (Zeilen 1-4), in dem erklärt wird, was es leistet. Er wird durch die Zeichen /* und */ eingeschlossen. Kommentare werden vom Compiler grundsätzlich überlesen und dienen nur dem besseren Verständnis des Programms. Neben dieser aus C bekannten Art von Kommentar, der sich über mehrere Zeilen erstrecken kann, gibt es in C++ zusätzlich die Möglichkeit, einzelne Kommentare, die bis zum Zeilenende reichen, mit dem Zeichen // einzuleiten. Für einen mehrzeiligen Kommentar muß jede Zeile mit dem Zeichen // beginnen. Beide Zeichen dürfen miteinander verschachtelt werden.

In Zeile 5 wird durch eine Direktive an den Präprozessor, **#include**, die Datei **iostream.h** im Programm eingebunden, d.h. sie wird beim Compilieren an dieser Stelle eingefügt. In dieser Datei sind u.a. die Deklarationen der Funktionen zur Ein- und Ausgabebehandlung enthalten. Ohne diesen **include**-Befehl wären die Ein- und Ausgabeanweisungen **cin >>** und **cout <<** nicht verwendbar. Der Befehl **#include** muß am linken Rand der zu kompilierenden Datei stehen, da sonst dieser Befehl nicht ausgeführt wird. Der Name der Datei kann in spitzen Klammern oder in Anführungszeichen stehen. Im Beispiel (Zeile 5) steht diese Datei im sogenannten Arbeits(Home)verzeichnis; sie kann jedoch auch in einem vordefinierten Verzeichnis stehen, d.h. dort wo das Programm abläuft.

In den Zeilen 6 und 25 werden Variablen (**j, i und vektor**) vom Typ **int** (ganze Zahlen) definiert. Die Zeilen 11-16 enthalten die Definition einer Funktion mit dem Namen **permut**. Diese Funktion wird mit einem Parameter aufgerufen. Sie berechnet die Anzahl der Permutationen; mit dem Schlüsselwort **return** erfolgt dann die Ergebnisrückgabe an das aufrufende Programm.

In den Zeilen 19-46 steht das Hauptprogramm, gekennzeichnet durch das Schlüsselwort **main**. **main** ist eine spezielle Funktion (hier mit einer leeren Argumentenliste), welche in jedem lauffähigen C++-Programm enthalten sein muß. Bei der Ausführung eines C++-Programms wird zuerst nach **main** gesucht, das automatisch aufgerufen wird; dann beginnt die eigentliche Ausführung des Programms mit der ersten Anweisung in **main**.

Die geschweiften Klammern { bzw. } kennzeichnen ebenso wie in C den Beginn bzw. das Ende eines Blocks. Ein Block ist eine Zusammenfassung von Anweisungen (Befehlen), die syntaktisch wie eine einzelne Anweisung behandelt werden können. Sie dürfen auch ineinander geschachtelt werden. So ist z.B. der Funktionsrumpf (Funktionskörper) von **main** durch die geschweiften Klammern in den Zeilen 20 und 46 definiert und enthält einen weitereren Block (Zeilen 42 - 45). Die Bedeutung von { und } ist vergleichbar mit den Schlüsselwörtern **begin** und **end** der Programmiersprache Pascal.

Mittels **cin** und **cout** werden Eingaben von der Tastatur und Ausgaben auf den Bildschirm vorgenommen. Zeile 23 bedeutet daß der eingegeben Wert der Variablen **i** zugewiesen wird (vorausgesetzt, daß eine ganze Zahl eingegeben wird). Mit der Zeile 41 wird der in Anführungszeichen stehende Text 'Die Ergebnisse sind' ausgegeben. Das besondere Zeichen **\n** veranlaßt einen Zeilenvorschub (siehe Anhang C, wo auch andere Symbole zur Manipulation des

Ausgabeformats enthalten sind). Zeile 43 zeigt ein anderes Format für die Ausgabeanweisung, das äquivalent zu folgenden Anweisungen ist:

```
cout << "für";
cout << i;
cout << "Elemente = ";
cout << vektor[i];
cout << "\n";
```

3 Datentypen

3.1 Deklarationen und Definitionen

In einer realen Umgebung müssen unterschiedliche Objekte mit Namen versehen werden, um sie bei der Wahrnehmung, also der Verarbeitung durch den menschlichen Computer (Gehirn) zu unterscheiden. In einer Programmiersprache wie z.B. C++ ist ein Objekt ein identifizierbarer Speicherbereich, in dem ein fester oder variabler Wert oder eine Menge von Werten steht. Die Bezeichnung **Objekt** an dieser Stelle darf nicht mit dem generellen Begriff 'Objekt' verwechselt werden, wie man ihn in objektorientierten Sprachen verwendet. Der Name eines Objektes kennzeichnet eine Funktion, eine Menge von Funktionen (ein Modul), einen Typ, Mitglieder einer Klasse, einen Wert oder eine Marke (Label). Der Zugriff auf ein Objekt erfolgt über seinen Namen. Deshalb muß der Name im Programm eingeführt werden, d.h. er muß dem Programm durch eine Deklaration bekannt gemacht werden, bevor er benutzt werden darf. Der Name (der Bezeichner) eines Objektes hat dann einen Typ und eine Speicherklasse, die die Benutzung des Objektes und des Lebensdauer des Objektes mit diesem Namen bestimmt. Eine Definition sieht allgemeinen wie folgt aus:

```
[<Speicherklasse>] <Typ_name> <Variablen_name> [=<Anfangs_wert>];
```

wobei die Speicherklassenangabe (erlaubt sind **auto, static, extern, register**) und die Initialisierung mit einem Anfangswert optional sind.

An dieser Stelle soll zuerst auf den Unterschied zwischen Deklaration und Definition von Objekten hingewiesen werden.

Mit einer Deklaration werden in einem Programm ein oder mehrere Namen eingeführt. Anders ausgedrückt, eine Deklaration ist keine Definition, wenn mit ihr eine Funktion ohne Körper, eine externe Variable, ein Klassenname oder statische Daten in einer Klasse eingeführt werden. Vielmehr stellt sie eine Zusicherung für die Existenz des Objektes irgendwo im Programm dar, d.h. das Objekt ist an einer anderen Stelle im Programm definiert. Ein Name kann mehrmals in einem Programm deklariert werden. Beispiele für Deklarationen:

```
extern int a;
extern const c;
int f(int x);
struct S;
```

Mit einer Definition wird zusätzlich zur Deklaration für jedes Objekt der entsprechende Speicherplatz für die Aufbewahrung seiner Werte reserviert, d.h. das Objekt wird erzeugt. Für jedes Objekt muß in einem Programm eine Definition vorhanden sein. Beispiele für Definitionen

```
int a;
extern const c = 1;
int f(int x) { return x + a };
struct S { int a; int b;};
enum { oben, unten};
```

Die Namen in C++ werden genauso gebildet wie in vielen anderen Programmiersprachen. Ein Name besteht aus einer beliebig langen Folge von Buchstaben und Ziffern. Das erste Zeichen muß ein Buchstabe sein, wobei das spezielle Zeichen _ als ein Buchstabe gewertet wird. In C++ wird zwischen Groß- und Kleinschreibung unterschieden. Gültige Namen sind zum Beispiel:

```
a_name
```

eine_sehr_lange_Variable
eine_sehr_lange_variable
_variable
c87d90

Schlüsselwörter (im Handbuch jeder Sprache genau angegeben, siehe auch Anhang B), wie beispielsweise **int**, **cout**, **return**, sind als Bezeichner (Namen) nicht zugelassen.

Wie schon gesagt wird jeder Name nach der Deklaration in einem C++-Programm mit einem Typ assoziiert. Der Typ bestimmt den Wertebereich des Bezeichners und die erlaubten Operationen auf diesen Namen. C++ bietet zwei Arten von einfachen Typen für die Bezeichner: elementare Typen und Konstruktoren zur Erzeugung von sogenannten abgeleiteten Typen. C++ unterstützt weiterhin verschiedene zusammengesetzte Typen wie Klassen, Strukturen, Varianten (Unions), Vektoren von Klassen, Aufzählungen und Bitfelder. Diese komplexeren Typen werden später besprochen.

3.2 Elementare Typen

C++ besitzt einige elementare Datentypen. Der größte und der kleinste Wert für die elementaren Datentypen der Sprache sind durch die Header-Datei **<limits.h>** der Implementierung spezifiziert.

Die Typen **char**, **int** und **enum** werden auch **integer**-Typen genannt, weil sie durch ganze Zahlen verschiedener Größen präsentiert werden.

Typ char

Ein Objekt vom Typ **char** kann jedes Element des implementierten Zeichensatzes speichern. Wenn eine Variable von diesem Typ ein Zeichen aufbewahrt, so ist ihr Wert gleich dem Integer-Wert dieses Zeichens in der Codierungstabelle. Bezeichner dieses Typs belegen im allgemeinen ein Byte. Damit können Sie maximal 256 verschiedene Werte darstellen; üblicherweise wird der ASCII-Zeichensatz verwendet. Dies reicht aber vollkommen aus um alle Zeichen - Buchstaben, Ziffern etc. in der Sprache darzustellen. Variablen dieses Typ können als

```
char ch;
```

oder explizit als

```
signed char ch;
unsigned char ch;
```

deklariert werden. In allen drei Fällen konsumieren die Variablen den gleichen Speicherplatz, obwohl **unsigned char** und **signed char** implementierungsabhängig verschieden von dem schlichten **char** sind.

Typ int

Dieser Datentyp speichert Ganzzahlwerte mit oder ohne Vorzeichen. C++ bietet dem Programmierer drei Größen von Ganzzahltypen, die durch die Typangaben **short, int** und **long** bezeichnet werden. Die Größe gibt an, wieviel Speicherplatz durch eine Variable dieses Typs belegt wird. Der belegte Speicherplatz seinerseits bestimmt natürlich den darstellbaren Zahlenbereich.

```
short int a;
int b;
long int c;
```

Zur Definition von Bezeichnern, die Objekte nur durch positive ganze Zahlen präsentieren, kann das Schlüsselwort **unsigned** verwendet werden. Der Zahlenbereich des schlichten **int** wird durch den Prozessortyp und die Implementierung des C++-Compilers bestimmt, wobei **long int** über nicht weniger Speicherplatz verfügen darf als **short int**. Die letzten beiden Typen haben spezielle Aufgaben zu erfüllen, können aber implementierungsbedingt über den gleichen Speicherplatz verfügen, d.h. den gleichen Zahlenbereich haben.

Auf Bezeichner vom Typ **unsigned int** wird die Arithmetik modulo 2 hoch n (n = der Anzahl der Bits) durchgeführt. Das Schlüsselwort **int** kann bei voranstehenden Schlüsselworten **short** oder **long** weggelassen werden. Der Typ solcher Bezeichner ist automatisch **short int** oder **long int**.

reelle Typen

In C++ existieren auch drei reelle Typs. Die Definition von den Objekten dieses Typs erfolgt über:

```
float a;
double b;
long double c;
```

Sie repräsentieren Objekte durch reelle Zahlen unterschiedlicher Genauigkeit. Der Zahlenbereich einer Variablen vom Typ **long double** darf nicht kleiner sein als der Zahlenbereich der Variablen vom Typ **double**. Genauso darf der letzte Zahlenbereich nicht kleiner sein als der Zahlenbereich einer Variablen vom Typ **float**.

Der für die obenerwähnten Datentypen (genannt auch Arithmetik-Typen) reservierte Speicherplatz ist wie schon gesagt maschinenabhängig. Die Größe der Bezeichner läßt sich mit der C++-Compiler-Funktion **sizeof** ermitteln, die die Größe eines Bezeichners als Vielfache der Größe eines Bezeichners vom Typ **char** angibt. Per Definition gilt :

```
sizeof(char) = 1.
```

Das einzige, was unabhängig vom Rechnertyp gewährleistet ist, sind folgende Ungleichsketten:

```
sizeof(char) <= sizeof(short) <= sizeof(int) <= sizeof(long)
```

und

```
sizeof(float) <= sizeof(double) <= sizeof(long double).
```

Für die folgenden Maschinen ergibt die Funktion **sizeof**:

	SUN	AT
char	1	1
unsigned char	1	1
enum	2	2
unsigned short int	2	2
short int	2	2
int	4	2
long int	4	4
unsigned long int	4	4
float	4	4
double	8	8
long double	8	10
near pointer		2
far pointer		4

3.3 Abgeleitete Typen

Zu den abgeleiteten Datentypen gehören Vektoren, Zeiger, Referenzen und Funktionen. Diese Datentypen können als von den Elementaren über folgenden Konstruktoren abgeleitet gesehen werden:

```
*   - Zeiger    (Präfix-Opertor)
&   - Referenz       "
[ ] - Vektor    (Postfix-Operator)
( ) - Funktion       "
```

Diese Konstruktoren beziehen sich jeweils auf die angegebene Variable und bestimmen ihren Typ. Einige dieser Konstruktoren sind aus dem eingeführten Beispiel oder bereits aus anderen Programmiersprachen bekannt. Zwischen ihnen besteht folgende Prioritätenregelung:

1. ( ), [ ]
2. *, & .

Beispiele:

```
int *a;
int* a;
float u[10];
char* q[10];          // Vektor bestehend aus 10 char-Zeigern
char *q[10];          // Vektor bestehend aus 10 char-Zeigern -
                      // die bessere (deutlichere) Schreibweise
int f(int);
```

Die obengenannte Prioritätenregelung läßt sich aber durch eine explizite Klammerung beeinflussen.

```
int (*q)[10];              // Zeiger auf einen Vektor von 10 int-Zahlen
int (*fp)(char, char *);   // Zeiger auf eine Funktion
```

Bei Definitionen, in denen nach der Typenangabe mehrere Bezeichner vorkommen, ist besondere Vorsicht geboten. Zum Beispiel:

```
int a, b, c;            // entspricht int a; int b; int c;
int* a, b, c;           // entspricht int *a; int b; int c;
                        // und nicht int* a; int* b; int*c; (!)
int *a, b, c;           // äquivalent zur vorigen Zeile
int *a, *b, *c;         // entspricht int *a; int *b; int *c;
```

3.3.1 Referenz

Eine Variable **a** deklariert als

```
T &a                    // ist äquivalent zu T& a
```

bedeutet, daß sie eine Referenz auf ein Objekt vom Typ **T** ist. Sie muß entweder mit einem Objekt vom Typ **T** oder mit einem Objekt, der in **T** konvertierbar ist initialisiert werden, da etwas existieren muß, für das der Name eine Referenz ist. Eine Referenzvariable stellt im Grunde nur eine andere Bezeichnung für dasselbe Objekt dar. Zum Beispiel:

```
int a;
int &b = a;        // b ist eine Referenz (enthält die Adresse) einer
                   // Variablen vom Typ int mit dem Wert der Variablen a
int a = 3;         // damit wird auch b der Wert 3 zugewiesen
int &c;            // Fehler: keine Initialisierung
int &d1 = a;       // erzeugt eine zweite Referenzen von a!
int &d = 1022;     // Fehler: eine nichtkonstante Referenz kann nur mit
                   // einem L-Wert desselben Typs initialisiert werden
```

Da eine Referenz nur ein anderer Name für ein Objekt ist, werden alle Operatoren, die auf die Referenz angewandt werden, direkt auch auf das referenzierte Objekt angewandt.

```
int a = 1;
int &b = a;         // b = 1
b = b + 2;          // b = 3 und a = 3;
```

Eine Referenz kann nach der Initialisierung nicht verändert werden, um ein anderes Objekt anzuzeigen. Hauptsächliche Anwendung von Referenztypen ist die Übergabe von Argumenten an oder Rückgabewerten von Funktionen (Abschnitt 6.2.2 **call by reference**), insbesondere im Zusammenhang mit benutzerdefinierten Typen (Klassen) .

3.3.2 Zeiger

Für die erfolgreiche C++-Programmierung ist das richtige Verständnis der Benutzung von Zeigern (ähnlich wie in C) unbedingt erforderlich, und zwar aus folgenden Gründen: Erstens können Funktionen mit Hilfe von Zeigern ihre Aufrufargumente verändern. Zweitens werden Zeiger in Zusammenhang mit den dynamischen Speicherzuweisungsroutinen von C++ verwendet, und drittens steigern Zeiger die Effizienz bestimmter Routinen. Zeiger bilden nicht nur eine der mächtigsten, sondern auch eine der gefährlichsten Eigenschaften von C++. Nicht initialisierte Zeiger, wilde Zeiger oder falsche Zeiger können bis zum Systemabsturz führen und erschweren sehr die Fehlersuche.

Zeiger lassen sich in zwei Kategorien einordnen: Zeiger auf Objekte und Zeiger auf Funktionen. Beide enthalten Speicheradressen, aber haben unterschiedliche Eigenschaften, Zwecke und Regeln für ihre Handhabung. In diesem Abschnitt behandeln wir die erste Art von Zeigern, die Zeiger auf Objekte.

Die allgemeine Form zur Deklaration von Variablen des Typs Zeiger lautet:

T *zei oder T* zei

wobei **T** ein beliebiger gültiger C++-Datentyp (auch Grundtyp genannt) und **zei** der Name ist. Aus Gründen der Übersichtlichkeit empfiehlt sich die erste Form. Die Variable **zei** enthält die Adresse eines Objektes vom Typ T. In diesem Fall repräsentiert die Variable **zei** nicht das Objekt selbst, sondern sie zeigt (verweist) auf das Objekt und wird Zeiger genannt. Der Grundtyp eines Zeigers bestimmt, auf welche Art von Variablen der Zeiger verweisen kann. Technisch gesehen kann der Zeiger auf eine beliebige Speicherstelle verweisen. Die Zeigerarithmetik wird aber immer abhängig vom Grundtyp ausgeführt, so daß die richtige Deklaration des Zeigers wichtig ist.

Es gibt nur vier arithmetische Operationen, die auf Zeiger angewandt werden können.: + ,- ,++ ,--. Man kann auch Zeiger vergleichen oder zuweisen. Die wichtigste für Zeiger definierte Operation ist das Derefenzieren (Zeiger-Operator *****), d.h. es wird auf das Objekt, auf welches der Zeiger verweist, zugegriffen. Beispiele:

```
char c1 = 'a';      // die Variable c1 enthält das Zeichen 'a'
char *c2;           // die deklarierte Variable heißt c2 und ist ein
                    // Zeiger, d.h. c2 kann die Adresse eines Objektes
                    // vom Typ char (ein Zeichen) enthalten
char* c3, c4;       // deklariert eine Zeigervariable c3 und eine
                    // Variable c4 vom Typ char
char *c5, *c6;      // c5 und c6 sind Zeiger auf char
char *z = &c1;      // hier wird z deklariert (nicht *z). Mit Hilfe des unären
                    // Operators & wird die Adresse von c1 bestimmt und
                    // mit ihr der Zeiger z initialisiert
char c2 = *z;       // z wird dereferenziert und c2 ='a'
```

***z** präsentiert im letzten Beispiel den Inhalt ('a') der Adresse, auf welche **z** zeigt. Dieser Inhalt wird **c2** zugewiesen, d.h. **c2** enthält danach ebenfalls 'a'. An dieser Stelle soll darauf hingewiesen werden, daß erst nach einer Initialisierung oder durch den Operator **new** eine Zeigervariable auf einen Typ verweist (eine Adresse enthält). Diese Möglichkeit der Speicherverwaltung wird später angesprochen.

Ein Zeiger, gleich welchen Typs, kann den Wert 0 enthalten. Er enthält keine relevante Adresse, d.h. er verweist auf "Nichts". Der Wert 0 wird auch als Konstante NULL(NIL) definiert.

```
char *pc = 0;            // Zeiger pc verweist auf NIL.
```

Unglücklicherweise stehen beide Symbole * und & auch für die arithmetische Multiplikation sowie für das bitweise AND. Wenn diese Symbole als Zeigeroperatoren (für die Erzeugung von Datentypen Referenz und Zeiger) verwendet werden, stehen sie in keinerlei Beziehung zu den aritmetischen Operationen, die zufällig gleich aussehen. Die beiden Zeigeroperatoren * und & haben eine höhere Priorität als alle anderen arithmetischen Operationen.

3.3.3 Vektoren

Ein Vektor ist eine Sammlung von Elementen des gleichen Typs. Da das einzelne Element keinen Namen trägt, wird darauf über den Vektornamen und die Position (Index) innerhalb des Vektors zugegriffen. C++ besteht ein Vektor grundsätzlich aus zusammenhängenden Speicherbereichen. Die niedrigste Adresse entspricht dem ersten Element und die höchste Adresse dem letzten Element. Vektoren können auch mehrere Dimensionen aufweisen, d.h. die Elemente der Vektoren sind ihrerseits wieder Vektoren.

In einer Deklaration

```
T v[n]
```

ist die Variable **v** ein Vektor mit n Elementen des Typs **T**. Wenn der konstante Ausdruck **n** präsent ist, muß er vom Typ **integer** und größer als 0 sein. Er spezifiziert die Größe (die Anzahl der Elemente) des Vektors. Die Elemente werden von 0 bis n-1 numeriert. Die Elemente eines Vektors können von allen elementaren Typen sein (mit Ausnahme von **void**), sowie vom Typ Zeiger, Zeiger auf Member, Klasse, Aufzählungstyp oder von anderen Vektoren. Beispiele für Vektoren:

```
float fa[17];       // Zeiger auf Vektor mit 17 reellen Zahlen
                    // von fa[0] bis fa[16]
float* fp[17];      // Vektor fp von 17 Zeiger auf float
int x3d[3][4];      // x3d hat 12 Elementen vom Typ int;
                    // x3d hat 3 Vektorelemente mit je 4 int-Elementen
```

Eine Initialisierung von Vektoren bei der Definition erfolgt durch Angabe der jeweiligen Elemente (man beachte die Reihenfolge). In C++ werden die Elemente reihenweise gespeichert:

```
char v[2][5]={'a','b','c','d','e','1','2','3','4','5'}
```

ist äquivalent zu

```
char v[2][5]={{'a','b','c','d','e'},{'1','2','3','4','5'}}
```

Wenn die Größe der Dimension angegeben ist, darf die Anzahl der angegebenen Elemente diese Größe nicht übersteigen, ansonsten kommt es bei der Kompilierung zu einem Fehler. Wenn die Dimension größer als die Anzahl der Elemente ist, werden die nicht initialisierten Vektorelemente explizit auf 0 gesetzt. Der Zugriff auf die Elemente eines Vektors erfolgt durch die Angabe des entsprechenden Indexes. Jeder Ausdruck, der einen ganzzahligen Wert ergibt, kann als Index für den Vektor verwendet werden. Für den oben definierten und initialisierten Vektor **v** gilt:

```
v[0][1]                    // enthält den Wert 'b'
v[1][2*2]                  // enthält den Wert '5'
```

Ein Vektor kann auch ohne Angabe der Dimension deklariert bzw. definiert werden. Bei der Definition eines Vektors ohne Dimensionierungsangabe muß dieser initialisiert werden. Der Compiler bestimmt die Größe des Vektors anhand der Anzahl der Elemente in der Liste:

```
char abc[ ] = "abcdefg";
char bcd[ ] = {'a','b','c','d','e','f','g'};
char v[8] = "Turbo C++";          // Fehler, v darf nur 8 Elemente enthalten
int x[ ] = {1,4,8};
int y[4] = {1,2,3};
```

Es soll beachtet werden, daß die beiden Vektoren **abc** und **bcd** nicht äquivalent sind. Der Vektor **bcd** enthält nach der Initialisierung 7 Elemente, der Vektor **abc** jedoch 8. Beim Vektor **abc** handelt es sich um eine Zeichenkettenkonstante, die immer zusätzlich mit einer Null abgeschlossen wird.

Ein Vektor darf nicht mit einem anderen Vektor initialisiert und kann auch nicht einem anderen zugewiesen werden (s. Abschnitt 7.2.2). Will man den Inhalt eines Vektors einem anderen zuweisen, dann müssen die Elemente einzeln bearbeitet werden, z.B. mit einer **for**-Schleife:

```
char cde[8];
cde = abc;                  // Fehler
for (i = 0; i < 8; i++)
  cde[i] = abc[i];
```

Zwischen Zeigern und Vektoren besteht eine enge Beziehung. Ein Vektor ohne den Indexoperator [ ] liefert die Adresse, einen konstanten Zeiger, auf das erste Element eines Vektors. Man kann auf den Anfang eines Vektors einen Zeiger setzen und mit ihm die Elemente des Vektors genauso manipulieren wie durch den oben beschriebenen Zugriff auf die Vektorelemente. Zum Beispiel:

```
int v[10];          // Vektor v aus 10 Ganzzahlen
int *zei;           // ein Zeiger auf Ganzzahl
zei = &v[0];        // Zuweisung der Adresse von v[0], der Anfang des
                    // Vektors, ist äquivalent zu zei = v;
```

Durch die Definition

```
int x = *zei;
int y = *(zei + 1);
```

erhält die Variable **x** den Wert von **v[0]** und **y** von **v[1]**. Es ist sogar erlaubt, den Zugriff ***(zei+i)** wie den üblichen Zugriff auf Vektoren zu spezifizieren, also **zei[i]**, sofern **zei** ein Zeiger auf einen Vektor ist.

Wenn der Programmierer diese Möglichkeit der Adressierung der Elemente nutzt, muß er selbst darauf achten, ob die Grenze des Vektors überschritten wird. Wenn man Glück hat, stürzt das Programm bei solchen Operationen ab (core dumped). Hat man Pech, wird mit dem entsprechenden Wert, auf den verwiesen wird, weitergearbeitet (z.B. **zei-1**), d.h. mit einem Wert, der nicht einem Vektorelement zugeordnet ist; das Ergebnis ist auf alle Fälle falsch.

3.3.4 Der spezielle Typ "void"

Der Typ **void** ist ein Datentyp, der keine Werte und Operationen hat. Er wird hauptsächlich als Typ des Rückgabewertes einer Funktion verwendet, wodurch angezeigt wird, daß die Funktion keinen Rückgabewert liefert (in Pascal **procedure** genannt).

```
void f()
{
  // kein return-Befehl; f gibt kein Ergebnis zurück
}
```

Der Typ **void** ist schon in ANSI-C eingeführt worden, um Zeiger zu definieren, welche auf Objekte eines während der Übersetzung unbekannten Typs verweisen.

```
void *zv;                    // Zeiger auf ein Objekt unbekannten Typs
```

Dem Zeiger **zv** kann nun ein Zeiger auf ein Objekt beliebigen Typs zugewiesen werden. Zeiger vom Typ **void*** können nicht dereferenziert werden, da es keine Objekte vom Typ **void** gibt. Der Zugriff ist nur über explizite Typkonvertierung möglich.

Der Typ **void*** wird hauptsächlich dazu verwendet, formale Parameter einer Funktion zu spezifizieren, wenn keine Annahmen über den Parametertyp getroffen werden können. Solche Funktionen existieren typischerweise auf tiefster Systemebene, wo Hardware-Resourcen manipuliert werden. Zum Beispiel:

```
void *allocate(int size);
void deallocate(void *);
f( ) {
  int *pi = (int *)allocate(10*sizeof(int));        // explizite Typkonvertierung
  char *pc = (char *)allocate(10);
  deallocate(pi);
  deallocate(pc);
}
```

Die Prozeduren **allocate** und **deallocate** dienen der dynamischen Belegung bzw. dem dynamischen Freigeben von Speicherplätzen. Die Prozedur **deallocate** kann z.B. keine Annahmen über den Typ des Parameters treffen, da dieser erst beim Aufruf feststeht.

3.3.5 Typedef

Um ein Programm lesbar zu gestalten, ist es auch in C++ möglich, mit dem Schlüsselwort **typedef** ausdrücklich neue Namen für Datentypen zu definieren. Es wird nämlich keine neue Datenklasse angelegt, sondern nur ein neuer Name für einen bestehenden Typ definiert. Dies dient ausschließlich zur Kürzung der Typnotation. Schreibt man z.B. ein Programm, in dem häufig 4x4-Matrizen verwendet werden (bei grafischen Transformationen wie Rotation usw.), so könnte man an jeder Stelle, an der man solche Objekte benötigt, definieren:

```
float matrix_x[4][4];
```

Übersichtlicher wäre es nun, wenn man einen Typ 4x4-Matrix definieren könnte. Dafür gibt es das speziellen Deklarationswort **typedef**. Zum Beispiel:

```
typedef float matrix[4][4];
```

matrix ist nun der Name des Typs (4x4-Floatmatrix), und Bezeichner (Objekte) von diesem Typ lassen sich jetzt wie üblich definieren:

```
matrix a, b;        // a und b sind jetzt Namen von Objekten des Typs
                    // 4x4-Floatmatrix
```

Syntaktisch erfolgt die Deklaration eines neuen Namens für einen Typ wie die Deklaration einer Variablen dieses

Typs, wobei nur das Schlüsselwort **typedef** vorangestellt wird:

```
typedef int* ref;     // ein anderer Name ref für den Typ Zeiger auf int
ref zei, vek[2];      // zei ist ein Zeiger auf int, vek ist ein Vektor,
                      // der als Elemente zwei Zeiger auf int enthält
```

3.4 Typkonvertierung

3.4.1 Implizite Typkonvertierung

In der Regel werden elementare Typen beliebig in Ausdrücken und Zuweisungen gemischt. Wo immer es möglichst ist, werden Werte konvertiert, so daß keine Information verloren geht. Der C++-Compiler wandelt alle Operanden eines Ausdrückes in den Typ des längsten Operanden um, um Genauigkeit und Konsistenz zu gewährleisten. Dies wird wie in den nachfolgend beschriebenen Typumwandlungsregeln schrittweise für alle Operanden durchgeführt.

1. Alle **char** und **short int** werden in **int** umgewandelt. Alle **float** werden in **double** umgeändert.

2. Wenn einer der Operanden in einem Operandenpaar **long double** ist, dann wird auch der andere in einer **long double** umgewandelt.

* Falls ansonsten einer der Operanden vom Typ **double** ist, wird der andere in **double** umgewandelt

* Falls ansonsten einer der Operanden vom Typ **float** ist, wird der andere in **float** umgeändert

* Falls ansonsten einer der Operanden vom Typ **unsigned long** ist, wird der andere auch in **unsigned long** konvertiert

* Falls ansonsten einer der Operanden vom Typ **long** ist, wird der andere in **long** umgeformt.

* Falls ansonsten einer der Operanden vom Typ **unsigned** ist, wird der andere in **unsigned** umgewandelt.

* Sonst sind beide Operanden von Typ **int**.

Nach dem diese Umwandlungsregeln angewand wurden, hat jedes Operandenpaar denselben Typ und das Ergebnis jeder Operation den gleichen Typ wie beide Operanden. Ein Beispiel:

```
char ch;
int i;
float f;
double d;
ergebnis = ( ch  /  i ) + ( f  *  d ) - ( f  +  i )
            int           double         double
               int           double         double
                      double
                                  double
```

Bei Zuweisungen wird versucht, den Wert der rechten Seite in den Typ der linken Seite zu konvertieren. Hierbei kann es zu Informationsverlusten kommen (z.B. bei Zuweisung eines **double**-Wertes an einen Integer-Bezeichner).

```
int i;
char d = 'b';
i = d;
d = i;                    // d='b'. Der Wert von d ändert sich nicht.
```

```
float x = 3.2;
int i;
i = x;                  // Der Wert von i ist 3;

int i = 256 + 255;      // i enthält 511
char ch = i;
int j = ch;             // j<>511. Das aktuelle j hängt vom jeweiligen
                        // Rechnertyp ab. Ist char signed, so ist j = -1, und
                        // falls char unsigned ist, gilt j = 255.
```

3.4.2 Explizite Typkonvertierung

Manchmal ist es nützlich oder notwendig, eine explizite Typumwandlung durchzuführen. Die explizite Konvertierung wird durch Aufruf spezieller Konvertierungsfunktionen **Typ ( )** realisiert. Diese Funktionen haben den gleichen Namen wie der entsprechende Typ, der als Ergebnis der Konvertierung vorliegen soll. Zum Beispiel:

```
float p1 = float(2);        // Konvertierung der Ganzzahl 2 zur
                            // reellen Zahl 2.0
double p2 = double(4);
```

Diese funktionale Notation kann nur für Typen verwendet werden, die einen einfachen Namen haben. Um beispielsweise einen Integerwert in eine Adresse zu konvertieren, muß die Konvertierung in cast-Notation (cast ~ in Form bringen) angegeben werden. Die **cast**-Notation, bekannt auch als Umwandlungsoperator, besteht aus einer linken Klammer, einem Typnamen, einer rechten Klammer und einen Operandenausdruck:

```
char *z = (char *)0777;     // die Zahl 0777 wird in Form von Zeiger auf
                            // char gebracht
```

Andernfalls muß zuerst ein einfacher Name für den Typ **char** * mittels **typedef** definiert und dann als Konvertierungsfunktion verwendet werden:

```
typedef char *Zchar;
char *z = Zchar(0777);
```

3.5 Konstanten

Konstanten bezeichnen in C++ feste Werte, die durch das Programm nicht geändert werden können. C++ unterscheidet zwischen folgenden Konstanten für elementare Typen: Konstanten für ganze Zahlen (Integer-Konstanten), Zeichenkonstanten (Character-Konstanten) und Konstanten für reelle Zahlen. C++ unterstützt zusätzlich zu den vordefinierten Datentypen einen weiteren Konstantentyp, die Zeichenkette. Alle Zeichenkettenkonstanten stehen zwischen doppelten Anführungszeichen, wie beispielweise "Das ist ein Test". Zeichenketten dürfen nicht mit Zeichenkonstanten verwechselt werden. Die Zeichenketten sind Konstanten von Typ **char** [ ]. Ferner ist 0 eine Konstante für Zeiger. Namen (Bezeichner) von Objekten können mit dem Schlüsselwort **const** zu Konstanten erklärt werden.

3.5.1 Konstanten für ganze Zahlen

Integer-Konstanten können dezimale (Basis 10), oktale (Basis 8) oder hexadezimale (Basis 16) Zahlen sein. Die drei Formen sind gleichwertig. Dadurch wird die Bitdarstellung des Wertes nicht beeinflußt. Beispiele:

dezimal	0	2	63	83
oktal	0	02	077	0123
hexadezimal	0x0	0x2	0x3f	0x53

Die Oktaldarstellung wird gekennzeichnet durch eine vorangestellte Null; die Hexadezimaldarstellung zeichnet sich durch den Anfang **0x** oder **0X** aus.

3.5.2 Zeichenkonstanten

Eine Zeichenkonstante besteht aus einem oder mehreren Zeichen und wird in Hochkommata angegeben:

```
'a', 'b', 'c', 'q','\n'
```

Eine Zeichenkonstante ist in C++ vom Datentyp **int**. Um alle Zeichen als Konstanten angeben zu können, also auch nicht auf dem Bildschirm darstellbare Zeichen wie z.B. Zeilenumbruch, steht noch eine allgemeine Escape-Sequenz zur Verfügung, mit der sich sämtliche Zeichencodes abhängig vom verwendeten Zeichensatz numerisch angeben lassen. Hierbei wird die angegebene maximal 3-stellige Integerzahl als Oktalzahl, dann ohne vorangestellte Null, oder als Hexadezimalezahl interpretiert.

Die Integerzahl muß dazu mit vorangestelltem Backslash \ in einfachen Hochkommata geschrieben werden:

oktal	hexadezimal	ASCII-Zeichen
'\33'	'\x1B'	ESC
'\65'	'\x35'	5
'\137'	'\x5f'	-

3.5.3 Reelle Konstanten

Reelle Konstanten sind vom Typ **double**. Sie können sowohl in üblicher Fließkommadarstellung als auch in expotentieller Form angegeben werden. Der Exponent wird durch ein vorangestelltes **e** oder **E** gekennzeichnet. Sie können optional ein Vorzeichen und/oder ein Suffix haben. Durch Anfügen eines **f**- oder **F**-Suffixes wird einer reellen Konstanten der Typ **float**, durch den Suffix **l** oder **L** der Typ **long double** zugewiesen. Beispiele:

```
-1.23          // nur das Minusvorzeichen wird angegeben
.23456
1.
3.45f          // reelle Konstante vom Typ float
-4.0L          // reelle Konstante vom Typ long double
-2.1e2
3.21e-11
4.78E+3
4E+5
```

3.5.4 Zeichenketten

Eine Zeichenkettenkonstante, auch String genannt, ist eine spezielle Konstantenkategorie für feste Zeichenfolgen. Eine solche Konstante ist vom Typ **vektor of char** und setzt sich aus einer Folge von beliebig vielen Zeichen in Anführungszeichen zusammen. Beispiel:

```
char v[ ] = "dies ist ein string";
```

Jede Zeichenkettenkonstante enthält zusätzlich das Zeichen '\0' (mit Wert 0), welches das Ende der Zeichenkette kennzeichnet. Somit liefert

```
int l = sizeof("abcd")
```

für **l** den Wert 5. Die Zeichenkonstante 'a' ist zu unterscheiden von der Zeichenkettenkonstante "a".

3.5.5 Const

Mit dem Schlüsselwort **const** lassen sich Objekte als Konstanten definieren. Dadurch wird eine Variable zu einer symbolischen Konstanten umgewandelt. Da der Wert einer Konstanten nicht verändert werden darf, muß sie sofort nach der Deklaration initialisiert werden.

```
const int mo = 122;
const double b;                // Compilerfehler: keine Initialisierung
mo = 123;                      // Fehler: Veränderung unzulässig
```

Das Schlüsselwort **const** kann auch in Zeigerdeklarationen auftauchen, um zu ermöglichen, daß man sowohl "konstante Zeiger", als auch "Zeiger auf Konstanten" vereinbaren kann. Für den ersten Fall wird die Kombination ***const** verwenden.

```
char *const c_zei = "absd";    // konstanter Zeiger
c_zei[3]     = 'a';            // c_zei = "absa"
c_zei        = "efgh";         // Fehler
```

c_zei ist ein konstanter Zeiger, d.h. er darf nicht verändert werden. Das Objekt, auf das der Zeiger zeigt, ist dagegen keine Konstante und kann daher verändert werden. Im folgenden Beispiel

```
const char *zei = "abcd";      // Zeiger auf eine Konstante
zei[3]     = 'a';              // Fehler: Veränderung unzulässig
zei        = "efgh";
```

verweist **zei** auf eine Konstante, ist selbst aber keine Konstante. Daher kann das Objekt, auf das **zei** verweist, nicht verändert werden, aber **zei** darf verändert werden. Um einen konstanten Zeiger auf ein konstantes Objekt zu definieren, müssen sowohl der Zeiger als auch das referenzierte Objekt als Konstanten definiert werden.

```
const char *const cz = "abcd";     // konstanter Zeiger auf ein konstantes
const char* const cz = "abcd";     // Objekt, identisch mit der obigen
                                   // Definition

cz[3]  = 'a';                      // Fehler
cz     = "efgh";                   // Fehler
```

In diesem Fall darf weder der Wert des Objekts, auf das **cz** zeigt, noch die Adresse selbst verändert werden.

3.5.6 Aufzählungen

Eine Aufzählung ist eine Menge von Ganzzahlwerten, die durch Namen dargestellt werden, genannt Aufzählungskonstanten. Aufzählungen sind auch im täglichen Leben gebräuchlich. Sie sind für bestimmte Anwendungen eine übersichtlichere und bequemere Methode, benannte ganzzahlige Konstanten zu definieren. Die Definition einer Aufzählung hat z.B. die Form

```
enum Farbe {Rot, Gruen, Blau} Palette;
```

und erzeugt einen neuen Aufzählungstyp, **Farbe**, dessen Werte **Rot**, **Gruen**, **Blau** sind. Die Aufzählungskonstanten Rot, Gruen, Blau sind Symbole, die für die ganzzahligen Werten 0,1,2 stehen. Der Name **Farbe** des Aufzählungstyps und die vereinbarte Variable **Palette** sind in der Definition optional. Diese Definition ist äquivalent zur folgender Darstellung:

```
const int Rot = 0;
const int Gruen = 1;
const int Blau = 2;
```

Der Wert der ersten Aufzählungskonstanten beträgt 0, wenn sie nicht mit einem anderen Wert initialisiert ist. Durch Angabe konstanter Ausdrücke können auch abweichende Werte für diese Konstanten definiert werden.

```
enum Farbe {Rot, Gruen = 2, Blau}
```

ist äquivalent zu

```
const int Rot   = 0;
const int Gruen = 2;
const int Blau  = 3;
```

da jeder Aufzählungskonstanten, sofern nicht anders definiert, der um 1 erhöhte Wert des "Vorgängers" zugewiesen wird. Es ist auch erlaubt zu definieren:

```
enum Farbe {Rot = 12, Gruen = 4, Blau = 8}
```

d.h. es kann durch eine explizite Zuweisung die voreingestellte aufsteigende Reihenfolge der Aufzählungskonstanten überschrieben werden.

In C++ kann wegen der strengen Typprüfung einer Variablen des Aufzählungstyps nur einer der aufgezählten Werte und nicht jeder Integerwert zugewiesen werden. Zum Beispiel:

```
Palette = Blau;        // richtig
Palette = 8;           // falsch, selbst wenn Blau = 8
```

4 Ausdrücke und Operatoren

4.1 Ausdrücke

Die Ausdrücke in der Sprache C++ werden ähnlich wie in den anderen höheren Programmiersprachen gebildet. Die Regeln zur Bildung eines Ausdrucks sind in den Handbüchern über die entsprechende Version der Sprache genau angegeben (siehe Anhang D). Ein Ausdruck besteht aus einer oder mehreren Operationen. Die Objekte einer Operation bezeichnet man als Operanden. Die Operationen werden durch Operatoren dargestellt.

In diesem Abschnitt folgen zuerst einigen Beispiele für reguläre Ausdrücke und anschließend wird der bedingte Ausdruck vorgestellt.

```
int a, b, c, d;
a = a * b + (a + d) / (c - d);
b += a / 4 - (d - b) * (a + b) - 1 / 5;
```

Wenn man beispielsweise die Anweisung

```
if (a > b)
  c = a;
else
  c = b;
```

betrachtet, ist ihre Bedeutung intuitiv klar. **c** erhält nach der Ausführung der Anweisung das Maximum der Werte von **a** und **b**. Mittels des Operators **?** läßt sich diese Anweisung wie folgt schreiben:

```
c = (a > b) ? a : b;
```

Allgemein handelt es sich dabei um einen bedingten Ausdruck, deren Form so aussieht:

```
s1 ? s2 : s3
```

wobei **s1**, **s2** und **s3** wiederum Ausdrücke sind. Der Wert des bedingten Ausdruckes wird durch den Wert von **s2** gegeben, falls **s1** den Wert **wahr** (**true**) besitzt (also einen Wert !=0), andernfalls durch den Wert von **s3**.

4.2 Operatoren

Ein Operator ist ein Symbol, das das Programm bestimmte mathematische und logische Operationen ausführen läßt. Anderseits können die Operatoren als eine besondere Form von Funktionen aufgefaßt werden. Die C++-Operatorüberladung (wird in Kapitel 10 erklärt und ausführlich behandelt) beruht auf diesem Konzept. Ein Operator nimmt ein oder mehrere Argumente und liefert einen Wert zurück.

C++ weist sehr viele eingebaute Operatoren auf. In C++ gibt es keine typspezifischen Operatoren, wie z.B. in Pascal der **div**-Operator (ganzzahlige Division) oder /-Operator (für Division reeller Zahlen). Soll eine Operation ausgeführt werden und sind die Operatoren nicht von dem entsprechenden Typ, so wird eine implizite Typkonvertierung (sofern möglich) gemäß den Regeln aus Abschnitt 3.4.1 durchgeführt. Diesen Umstand sollte man nicht außer acht lassen. Folgende Ausdrücke, obwohl sie sehr ähnlich aussehen, liefern unterschiedliche Ergebnisse.

```
3 / 5          // ergibt 0
3.0 / 5        // ergibt 0.6
```

Die Reihenfolge, in der die Operatoren innerhalb eines Ausdrucks ausgewertet werden, wird durch die Priorität der Operatoren geregelt. Die Priorität der Operatoren ist in der Sprachdefinition festgelegt. Die Prioritätsregeln in C++ sind ähnlich wie in den anderen modernen Programmiersprachen wie z.B Pascal, Modula-2, C und in Anhang A angegeben. Operatoren mit gleicher Priorität werden in einem Ausdruck von links nach rechts ausgewertet. Wenn man nicht sicher ist, in welcher Reihenfolge die Operatoren in einem Ausdruck ausgewertet werden, sollten in der Regel Klammern gesetzt werden, die die Auswertungsreihenfolge explizit festlegen. Die Klammern erhöhen die Priorität einer Operation oder einer Gruppe von Operatoren. Zum Beispiel hat der Ausdruck

```
int b, c = d = e = 1;
b = c + d - 2 / 2 + e;          // Ergebnis b = 2;
```

eine völlig andere Bedeutung als dann, wenn er um zwei Klammernpaare erweitert wird:

```
b = c + (d - 2)/(2 + e);        // Ergebnis b = 0 (2/3 ergibt wie 3/5 auch 0)
```

C++ hat drei Hauptklassen von Operatoren: arithmetische, relationale und logische sowie bitweise Operatoren. Außerdem verfügt C++ über einige spezielle Operatoren für bestimmte Aufgaben. Im folgenden werden die wichtigsten Operatoren der Sprache C++ behandelt.

4.2.1 Arithmetische Operatoren

Folgende arithmetische Operatoren sind in C++ erlaubt und werden durch folgende Symbole repräsentiert:

```
+   - für Addition
-   - für Subtraktion
*   - für Multiplikation
/   - für Division
```

% - für Modulooperator (Divisionsrest)

Beispiele:

```
int k = 5%3;            // k = 2
int j = 5*3;            // j = 15
int i = -j;             // j = -15
double r = 5/3;         // r = 1
int l = k + j + i;      // l = 2
```

Diese Operatoren arbeiten in C++ genauso wie in den meisten anderen Programmiersprachen. Sie können auf fast jeden eingebauten C++-Datentyp angewandt werden.

4.2.2 Inkrement und Dekrement-Operatoren

C++ besitzt auch zwei Operatoren, um direkt Inkrementierung und Dekrementierung auszuführen - ++ und --. Beide Operatoren können sowohl als Präfix- als auch als Postfixoperatoren benutzt werden. Präfix bedeutet, daß zuerst der Operand um 1 verändert (bei Inkrementierung erhöht, bei Dekrementierung reduziert) und erst dann der Operand ausgewertet wird. In diesem Fall befindet sich der Operator ++ oder -- vor dem Operanden. Wird der Operator als Postfixoperator verwendet, so ist das Ergebnis der Wert des unveränderten Operanden, erst danach wird der Operand verändert. Beispiele:

```
int x = 3;
int y = x++;            // y = 3, x = 4
                        // identisch mit y = x; x = x + 1
int k = ++y;            // k = 4, y = 4
int i = --k;            // k = 3, i = 3
int j = i--;            // j = 3, i = 2
```

```
int v[4] = {1,2,3,4};
int *zv  = &v[0];         // zv zeigt auf den Anfang des Vektors v
int *z1  = ++zv;          // z1 und zv zeigen auf v[1]
int a = *z1++;            // a = v[1], z1 zeigt auf v[2]
```

Diese Operatoren sind eine spezielle Form der arithmetischen Operatoren + und -. Sie sind sehr nützlich für viele Anwendungen (z.B. Bearbeiten von Vektoren, Schleifen u.a.), weil sie meistens schneller sind als der entsprechende kombinierte Zuweisungsoperator (+=, -=).

4.2.3 Relationale und logische Operatoren

Die relationalen und logischen Operatoren dienen dem Vergleich zweier Operanden und liefern einen Wahrheitswert - wahr (**true**) wenn die Bedingung erfüllt, oder falsch (**false**), wenn sie nicht erfüllt ist. Die Prioritätsreihenfolge der relationalen Operatoren untereinander kann immer aus den entsprechenden Handbücher entnommen werden. Die relationalen Operatoren umfassen

```
>   -  größer als
>=  -  größer oder gleich
<   -  kleiner als
<=  -  kleiner oder gleich
==  -  gleich
!=  -  ungleich
```

Zum Beispiel

```
x = 1;
int y = 5;
(x<y)                     // wahr
```

Es sei zu bemerken, daß in C++ kein Typ Boolean (bekannt aus anderen Sprachen als Aufzählungstyp {**false**, **true**}) existiert. Die relationalen Operatoren liefern als Ergebnis einen Integerwert, wobei ein Wert ungleich Null als wahr und ein Wert gleich Null als falsch interpretiert wird. In booleschen Ausdrücken wird **wahr** als 1 und **falsch** als 0 interpretiert und weiterverwendet. Das obige Beispiel könnte so geändert und interpretiert werden

```
int k = (x < y);        // k = 1
inr i = (x == y);       // i = 0
```

Die Tatsache, das es keinen Typ **boolean** gibt, bedeutet für manchen Programmierer, Bedingungen in ungewohnter Form zu schreiben. So ist

```
while (i != 0)
```

äquivalent zu

```
while (i)
```

Zu den logischen Operatoren gehören

```
&&  - logisches UND
||  - logisches ODER
|   - logisches Nicht
```

Ausdrücke, in denen ein **&&** oder || vorkommt, werden immer von links nach rechts ausgewertet und die Auswertung wird abgebrochen, sobald ein Operand **falsch** (bei **&&**) oder **wahr** (bei ||) ist. Die relationalen und logischen Operatoren haben eine geringere Priorität als die arithmetischen. Also ergibt:

```
10 > 1 + 12
```

als Ergebnis eine 0 (falsch), weil der Ausdruck interpretiert wurde als stünde 10 > (1 + 12). Auch bei den relationalen und logischen Operatoren kann die Auswertungsfolge in Ausdrücken durch Klammern festgelegt werden, um mögliche Fehlinterpretationen zu vermeiden.

4.2.4 Bitweise Operatoren

Die bitweisen Operatoren in C++ erlauben die Manipulation einzelner Bits einer Zahl. Sie sind allerdings nur für **integer**- und **char**-Werte definiert. Diese Operatoren führen logische Operationen auf jedem einzelnen Bit eines Operanden bzw. korrespondierenden Bits zweier Operanden durch. Hierzu stehen einige einfach zu handhabende Operatoren zur Verfügung:

```
&   - bitweises UND
|   - bitweises inklusiv ODER
^   - bitweises exklusiv ODER (XOR)
>>  - schieben nach rechts
<<  - schieben nach links
~   - 1-Komplement
```

Beispiele

```
int x = 5;          //  00000101
int m = 3;          //  00000011
int y = x & m;      //  00000001, y = 1
int d = x ^ m;      //  00000110, d = 6
int z = x | m;      //  00000111, z = 7
int i = 8;          //  00001000
int j = i >> 2;     //  00000010, j = 2
int k = j << 3;     //  00010000, k = 32
int l = ~k;         //  11101111, k = 223
```

4.2.5 Zuweisungsoperatoren

Es gibt in C++ elf Zuweisungsoperatoren. Der am häufigsten benutzte Operator ist, wie in allen anderen Programmiersprachen, der einfache Zuweisungsoperator =. Die anderen zehn werden kombinierte Zuweisungsoperatoren genannt und später in diesem Abschnitt behandelt. Die einfache Zuweisung hat die Form

```
<linke_seite> = <rechte_seite>.
```

Dies heißt soviel wie: 'Nimm den rechten Operand (oft R-Wert genannt) und kopiere ihn in den linken Operanden (den L-Wert).' Als R-Wert kann eine beliebige Konstante, Variable oder ein Ausdruck genommen werden. Der L-Wert hingegen muß eine Variable sein, d.h. ein physikalisch vorhandener Speicherplatz, in den ein Wert geschrieben werden kann. Einige Beispiele:

```
int v[10];
int a = 2;
z1[a+3] = 8;                    // Zuweisung mit dem Ergebnis z1[5] = 8;

int (*z)[10] = {1,2,3,4,5,6,7,8,9,10};
int (*v)[10] = {11,12,13,14,15,16,17,18,19,20}
*z++ = *v++;                    // *z = 11
```

Zuweisungen dürfen auch hintereinander geschrieben werden, falls jeder der Operanden denselben allgemeinen Datentyp darstellt. Im folgenden Beispiel enthalten **a** und **b** jeweils den Wert 3. Die Auswertung erfolgt von rechts nach links:

```
int a, b;
a = b = 3;                      // zuerst b = 3, dann a = b
```

C++ kennt noch folgende zehn kombinierte Zuweisungsoperatoren:

```
+= -= *= /= %= <<= >>= &= ^= |=
```

Sie sind Kombinationen des Zuweisungsoperator = mit anderen logischen oder arithmetischen Operatoren. Die allgemeine Syntax einer kombinierten Zuweisung lautet

```
<linke_seite> <Operator>= <rechte_seite>
```

und ist eine Kurzschreibung für die Form

```
<linke_seite> = <linke_seite> <Operator> <rechte_seite>
```

Beispiel

```
y *= x;                      // ist äquivalent zu y = y * x
int Summe = 0;
for (int i = 0; i < n; i++)  // summiert die n Elemente eines Vektors
  Summe += v[i];
```

Die Verwendung der kombinierten Zuweisungen führt zu kürzeren Formulierungen, aber der Programmierer muß aufpassen, daß die Kürze nicht zu Unverständlichkeiten führt. Der Vorteil der Verwendung kombinierter Zuweisungsoperatoren liegt in der effizienteren Ausführung der Operationen, da die Adresse, die durch die linke Seite spezifiziert wird, nur einmal ermittelt werden muß.

4.2.6 Kommaoperator

Mehrere Ausdrücke lassen sich mittels des Kommaoperators sequentiell auswerten. Die allgemeine Form eines Kommaoperators lautet

```
ausdruck1, ausdruck2,....., ausdruckN
```

Die Ausdrücke werden von links nach rechts ausgewertet, wobei der Wert und Typ des gesamten Ausdrucks dem Wert und Typ des am weitesten rechts stehenden Ausdrucks (AusdruckN) entsprechen. Beispiel

```
int a = 0, b = 0, c;
c = (a++, a++, b++, b++);     // 2=1, b=2, c=1
funk(i, (j = 1, j*2), k);     // funk wird mit drei, nicht mit vier
                              // Argumenten aufgerufen
```

Der Kommaoperator sollte nicht verwechselt werden mit dem Komma in einer Liste von Definitionen, wie z.B.

```
int x = 0, y = 0;
```

oder Komma in der Parameterliste einer Funktion bzw. eines Funktionsaufrufes, wie z.B.

```
int f(x, y, z).
```

Allgemein sei hier noch auf die Gefahren hingewiesen, die aus den Schreibweisen von Operatoren resultieren können:

```
int x = 3, y = 5;
z1 = x & y;      // z1 = 7          bitweises und
z2 = x && y;     // z2 = 1          (= wahr) logisches und
z3 = x == y;     // z3 = 0          (= falsch) relationales gleich
z4 = x = y;      // x = 5, z4 = 5   mehrfache Zuweisung
```

5 Anweisungen

Die Anweisung ist die kleinste ausführbare Einheit eines C++-Programms. Sie wird mit einem Semikolon ; abgeschlossen. Die Anweisungen steuern den Ablauf während der Ausführung des Programms. Enthält das Programm keine spezifischen Sprung- oder Auswahlanweisungen, werden die Anweisungen nacheinander, das heißt sequentiell nach ihren Reihenfolge im Quelltext, ausgeführt. Wenn die letzte Anweisung in **main** abgeschlossen ist, wird das Programm beendet. Eine vollständige Darstellung der Syntax der Anweisungen von C++ ist im Anhang E zu finden.

In diesem Kapitel werden wir die wichtigsten Anweisungen der Sprache C++ behandeln. Nach einer allgemeineren Betrachtung der Syntax der elementaren Anweisungen, der Blockstruktur und des Gültigkeitsbereiches von Variablen werden im Abschnitt 5.2. wichtige Kontrollanweisungen, die die Reihenfolge der Abarbeitung des Programms festlegen, besprochen. Ohne diese Anweisungen wäre eine Sprache eigentlich nicht geeignet für die Probleme, die wir heute mit einem Computer lösen wollen (vorausgesetzt, das Problem ist korrekt in einer Programmiersprache formuliert).

5.1 Elementare Anweisungen, Blockstruktur, Gültigkeitsbereich von Variablen

Zu den elementaren Anweisungen werden außer der uns schon bekannten Anweisungen Deklaration/Definition und Zuweisung mittels des Zugriffsoperators noch die Ausdruckanweisung, die leere Anweisung und die Blockanweisung gezählt.

Jeder Ausdruck, wie z.B. die Zuweisung x = 0 oder i++, kann als Ausdruck-Anweisung behandelt werden, wenn man den Ausdruck gefolgt von einem Semikolon schreibt:

```
x = 0;
i++;
```

Die Anweisung wird ausgeführt, indem der Ausdruck ausgewertet und dann der Ergebniswert, wenn vorhanden, betrachtet wird. Alle Nebeneffekte dieser Auswertung (z.B. Datenzuweisungen) werden vor der Ausführung der nächsten Anweisung erzeugt. Bei den meisten Ausdrücken handelt es sich um Zuweisungsanweisungen oder Funktionsaufrufe.

Ein Sonderfall ist die leere Anweisung - sie besteht nur aus einem Semikolon ;. Die leere Anweisung hat keine Auswirkungen. Sie ist besonders in den Fällen sehr sinnvoll, in denen die Syntax der Sprache die Angabe einer Anweisung erwartet, aber nach der Programmlogik keine erforderlich ist. Dies ist gelegentlich bei **for**- oder **while**-Schleifenanweisungen der Fall:

```
;                                   // leere-Anweisung
for ( ref = "Hello"; *ref; ) cout << *ref++;
while (*ttgg++ = *scr++)
        ;                           // leere Anweisung
```

Mehrere Anweisungen, die sequentiell aufeinander folgen, werden auch nacheinander ausgeführt. Solche Anweisungen können auch zu einem Block zusammengefügt und syntaktisch wie eine einzelne Anweisung behandelt werden. Eine zusammengesetzte Anweisung (Blockanweisung, Verbundanweisung) kann überall dort stehen, wo Anweisungen erscheinen können. Eine Blockanweisung wird durch einen Anfang, {, und durch ein Ende, }, gekennzeichnet. Dies ist die einzige Ausnahme, bei der eine Anweisung nicht mit einem Semikolon abgeschlossen wird:

```
{
 x = 3;
 y = x;
 z = 6*x;
}
```

In anderen Programmiersprachen werden an dieser Stelle bestimmte Schlüsselwörter, etwa **begin** und **end**, zur Kennzeichnung eines Blocks verwendet.

Da die Blöcke syntaktisch wie eine einzelne Anweisung behandelt werden, dürfen sie ineinandergeschachtelt sein:

```
{
 x = 3;
 y = x;
 {
  z = 6*x;
  k = z;
 }
}
```

Die Definition ist, wie bereits angesprochen, eine Anweisung und kann daher auch in einer Blockanweisung auftreten, zum Beispiel:

```
{
 x = 3;
 {
 int r = 2;
  z = 6*r;                        // z = 12
 }
```

```
    k = 5*x;                    // k=15, r ist unbekannt
}
```

In diesem Fall stellt sich die Frage, in welchem Bereich die so definierten Variablen gültig sind. Ein Bezeichner ist nur in dem Block gültig, in dem er definiert ist, und zwar ab der Stelle der Definition bis zum Ende dieses Blocks. Man nennt solche Variablen Variablen von automatischer Dauer. Es ist auch erlaubt sie mit dem Speicherklassen-Spezifizierer **auto** zu definiern, was aber selten der Fall ist. Eine in einem inneren Block definierte Variable (lokale Variable) mit demselben Namen wie eine Variable eines äußeren Blockes überdeckt deren Definition. Solche lokal definierten Variablen sind nur innerhalb des Blocks gültig, in dem sie definiert werden. Ist der Block abgearbeitet, existiert die Variable nicht mehr, d.h. der ihr zur Definitionszeit zugewiesene Speicherbereich wird wieder automatisch freigegeben, so daß er für andere Zwecke verwendet werden kann. Diese Variable ist nicht mehr bekannt, weil sie kein Objekt repräsentiert. Nach Abarbeitung des inneren Blockes ist wieder die Definition des äußeren Blocks gültig.

```
{
  int x = 2;
  int y = x++;
  {
    int x = 10;
    int y = 15;
    x = y + x*y;
    y++;
  }
  x++;
  y++;
}
```

Da der Name **x** durch die Definition im inneren Block "überdeckt" wird, kann in diesem Block das zu Beginn definierte **x** nicht mehr angesprochen werden. Der Name **x** bezieht sich also hier nur auf das lokal definierte **x**.

Die einzige Möglichkeit, durch eine Definition überdeckte Variablen anzusprechen, bietet der **Scope**-Operator ::. Ist eine Variable global (also außerhalb der Funktion **main** und anderer Funktionen) definiert, so läßt sie sich durch Davorschieben des **Scope**-Operators ansprechen.

```
int x = 1;

main()
{
  int x = 1;
  ::x = 2;                    // Zuweisung an globales x
  int y = x;                  // y = 1
}
```

Einer global zu **main** (und anderen Funktionen) definierten Variablen wird nur einmal ein Speicherbereich zugewiesen. Die Variable bleibt bis zum Ende des Programms gültig.

Es gibt allerdings auch die Möglichkeit, eine Variable in einem Block zu definieren, so daß sie bis zur Terminierung des Programms existiert, sich also ähnlich zu global definierten Variablen verhält. Hierzu wird das Schlüsselwort **static** verwendet.

```
main()
{
 int a=1;
 while (a<5)
  {
```

```
        int b = 1;
        static int c = 1;      // c wird nur einmal angelegt und initialisiert
        a++;
        b++;
        c++;
    }
    a = c;                 // Fehler, da c außerhalb der Schleife while undefiniert ist
}
```

Die Werte der Variablen **a**, **b**, **c** nach jeder einzelnen Iteration sind

```
a b c
2 2 2
3 2 3
4 2 4
5 2 5
```

Außerhalb der **while**-Schleife ist der Name **c** nicht mehr bekannt. Dies unterscheidet eine durch **static** in einem inneren Block definierte Variable von einer globalen. Für globale Variablen, die außerhalb der Funktion, des Blockes oder der Datei gültig sind, wird bei der Definition der Speicherklassen-Spezifizierer **extern** verwendet.

5.2 Kontrollanweisungen

Die in diesem Abschnitt behandelten Anweisungen werden als Kontrollanweisungen bezeichnet, weil sie den Ablauf des Programmes kontrollieren, d.h. die Reihenfolge der auszuführenden Aktionen beeinflussen.

5.2.1 Auswahlanweisungen

Die Auswahlanweisungen wählen aus alternativen Aktionsabläufen aus. Dies geschieht durch das Testen bestimmter Werte. Es gibt zwei Arten von Auswahlanweisungen: **if** und **switch**.

Die if-Anweisung

Eine **if**-Anweisung hat die Form

```
if (Ausdruck)
  Anweisung1
else
  Anweisung2
```

und wird zur Verzweigung des Programmablaufs benutzt.

Wenn der Wert des **Ausdrucks** ungleich Null ist, wird die **Anweisung1** ausgeführt, andernfalls die **Anweisung2**. Obwohl die Sprache C++ keinen spezifischen Boole'schen Datentyp hat, wird **Ausdruck**, meistens ein Vergleichsoperator, zu einer 0 oder einer anderen ganzen Zahl ausgewertet. Der **else**-Zweig ist optional und kann daher auch weggelassen werden (ein Beispiel für eine leere Anweisung).

```
if (x <= 2) x = y - 1
    else x = y + 1;
if (x == y) x = y + 3;          // der else-Zweig fehlt
```

Die Anweisungen **Anweisung1** und **Anweisung2** können selbst **if**-Anweisungen sein, wodurch verschachtelte Bedingungstest in beliebiger Tiefe möglich sind. Bei verschachtelten **if...else**-Konstrukten muß sehr sorgfältig vorgegangen werden - es ist darauf zu achten, daß die korrekten

Anweisungen ausgewählt werden. Da der **else**-Zweig optional ist, muß festgelegt werden, auf welches **if** sich ein **else** bezieht. **else** bezieht sich immer auf das direkt davor liegende **if**, welches noch nicht mit einem **else** in Verbindung steht.

```
if (y == 2)
  if (x > 1) cout << "x=2 und y=2";
  else cout << "x=1";
```

Die Einrückung kann verdeutlichen, auf welches **if** sich ein **else** bezieht. Eine sichere Lösung, sich vor möglichen Fehlinterpretationen bei verschachtelten **if**-Anweisungen zu schützen, bietet die Verwendung von geschweiften Klammern. Zum Beispiel:

```
if (y == 2)
  { if (x > 1) cout << "x=2 und y=2";
    else cout << "x=1";
  }
```

Die switch-Anweisung

Die **switch**-Anweisung hat die Form

```
switch (Ausdruck)
{
  case Konstante1:     Anweisung1; break;
  ....
  case KonstanteN:     AnweisungN; break;
  default:             AnweisungN1; break;
}
```

und stellt in vielen Fällen eine übersichtlichere und sicherere Möglichkeit zur Beschreibung von mehreren Fallunterscheidungen dar als verschachtelte **if**-Anweisungen.

Die Angabe von **default** ist optional; es darf in einer **switch**-Anweisung höchstens eine geben. Die Konstanten müssen unterschiedlich sein und können in beliebiger Reihenfolge auftreten, wobei ihre Anzahl unbeschränkt ist. Anstelle einer Konstante darf auch ein Ausdruck angegeben werden.

Die Ausführung einer **switch**-Anweisung beginnt mit der Bestimmung des Wertes von **Ausdruck**. Als nächstes wird dieser Wert auf Gleichheit mit der Konstanten (in der Reihenfolge **Konstante1,...,KonstanteN**) überprüft. Wird eine Übereinstimmung festgestellt, dann wird die mit der ensprechenden Konstanten in Verbindung stehende Anweisung ausgeführt. Wird keine Gleichheit festgestellt, so wird die **AnweisungN1** ausgeführt, als würde die Konstante **default** gefunden. Die darauf folgende Anweisung **break** bewirkt das Verlassen der **switch**-Anweisung. Der Programmierer muß dem Compiler ausdrücklich mitteilen, wo die Ausführung in einer **switch**-Anweisung abgebrochen werden soll. Die Kontrolle wird an die Anweisung übergeben, die direkt hinter der abschließenden Klammer der **switch**-Anweisung steht. Beispiele:

```
int i=2;
switch (i)
{
  case 1: cout << "*\n";     break;
  case 2: cout << "**\n";    break;
  case 3: cout << "***\n";   break;
  case 4: cout << "****\n";  break;
}
```

Man erhält die Ausgabe: **. Wenn aber die **break**-Anweisungen fehlen

```
int i=2;
  switch (i)
  {
    case 1: cout << "*\n";
    case 2: cout << "**\n";
    case 3: cout << "***\n";
    case 4: cout << "****\n";
  }
```

dann erhält man die Ausgabe:

```
**
***
****
```

Ein **case**-Fall, in dem eine **break**-Anweisung absichtlich nicht angegeben wird, sollte in der Regel mit einem Kommentar versehen werden, in dem klar gemacht wird, daß die Auslassung wohlüberlegt ist.

5.2.2 Wiederholungsanweisungen

Wiederholungsanweisungen treten in drei Modifikationen auf, als sogenannte **while-**, **do-** und **for**-Anweisungen, und ermöglichen die Erzeugung von Schleifen.

Die while-Anweisung

Das grundlegende Format für diese Anweisung lautet:

```
while (Ausdruck) Anweisung
```

Ausdruck wird zuerst ausgeführt und getestet. Ergibt sich ein Wert, der ungleich 0 ist, wird die Anweisung ausgeführt. Dieser Vorgang wiederholt sich so lange, bis **Ausdruck** einen Wert gleich 0 präsentiert.

```
char str[10] = "Christov";
char *zeig = &str[0];
int zaehler = 0;
while (*zeig++)
zaehler++;
```

while-Schleifen stellen eine gute Methode zum Durchsuchen von Zeichenketten und anderen nullterminierten Datenstrukturen dar.

Die do-Anweisung

Diese Anweisung hat die Form

```
do Anweisung
  while (Ausdruck)
```

und garantiert die mindestens einmalige Ausführung von **Anweisung**. Sie ist äquivalent zu

```
Anweisung
while (Ausdruck)
  Anweisung
```

Wenn folgende **do**-Schleife vorliegt, wird mit Hilfe der Funktion **getchar** aus einem String je ein Zeichen gelesen, bis das Zeichen für Zeilenvorschub erreicht wird:

```
char ch;
char str[10] = "Ljubomir";
do ch = getchar()
```

```
while (ch != '\n');
```

Die Ausführung erfolgt nach folgendem Algorihtmus:

- Es wird die Anweisung **ch = getchar()** ausgeführt.
- Der Ausdruck **ch != '\n'** wird ausgewertet, wenn der Wert von 0 unterschiedlich ist, wird die Anweisung wiederholt.
- Im entgegegngesetzten Fall wird die Ausführung beendet und zur nächsten Anweisung im Programm übergegangen.

Die for-Anweisung

Die Syntax der **for**-Anweisung lautet

```
for (Initialisierung; Ausdruck; Ausdruck1)
  Anweisung
```

Die Initialisierung ist entweder eine Deklaration oder ein Ausdruck. Normalerweise verwendet man sie, um eine Variable zu initialisieren oder einer Variablen einen Wert zuzuweisen. Sie kann auch leer sein. **Ausdruck** dient als Abbruchbedingung, die **for**-Anweisung wird solange ausgeführt bis der **Ausdruck** nicht mehr zutrifft. **Ausdruck1** wird nach jeder Wiederholung der Schleife ausgeführt. Er wird normalerweise benutzt, um Variablen zu verändern, die in der Initialisierung stehen. Wenn die erste Auswertung von **Ausdruck** nicht zutrifft, werden **Ausdruck1** und die Anweisung niemals ausgeführt. Die Anweisung kann entweder eine einzelne oder eine zusammengesetzte Anweisung sein. Einige zulässige Beispiele für **Initialisierung, Ausdruck** und **Ausdruck1**:

```
for (i = 0; i < j; i++)
for (int i = 0; ...; ...)          // Initialisierung mit Erzeugung einer
                                   // zur Schleife lokalen Variablen i
```

```
for ( ;...;...)                          // leere Initialisierung
for (int i = 0, j = 10, k = 100; ...; ...)  // mehrfache Initialisierung
for (char *zeiger = str_lesen(); ...; ...)
for (...; *str++ == *str2++; ...)
for (...;  ; ...)             // Ausdruck wird behandelt, als wäre er die Zahl 1
for (...; ...; ++i)
for (...; ...; ++i, j--)
for (...; ...; )              // leere Anweisung
for ( ; ; )                   // endlose Schleife
```

Folgende **for**-Anweisung

```
for (int i = 1; i < 15; i++)
  j = 2*i;
```

wird nach folgendem Algorithmus ausgeführt:

- zuerst wird die Initialisierung **i = 1** einmal ausgeführt;
- dann wird **i** mit 15 verglichen; solange **i** kleiner als 15 ist, wird **j = 2*i** ausgeführt, und **i** um 1 inkrementiert.

Für alle aufgeführten Wiederholungs(Schleifen)anweisungen gilt, daß der Wert von **Ausdruck** in der Schleife verändert werden muß, um unerwünschte Endlosschleifen zu vermeiden.

5.2.3 Sprunganweisungen

Mit Hilfe der Sprunganweisungen wird die Programmsteuerung ohne Auswertung von Bedingungen an einer anderen Programmstelle fortgesetzt. Zu den Sprunganweisungen zählen **break, continue, goto und return.**

Die break-Anweisung

Die Abbruchanweisung hat die Form

```
break;
```

und kann im Körper eines beliebigen Zyklus (**for**, **while** oder **do**) und der Auswahlanweisung **switch** auftreten. Die Ausführung der **break**-Anweisung bewirkt die Beendigung der innersten sie einschließenden Schleife oder **switch**-Anweisung. Das Beispiel

```
char a[ ] = "Hallo";
for (i = 0; i < n; i++) {
  if (a[i] < 0) {              // wenn ein Element des Vektors
     cout << "Fehler\n";       // negativ ist, wird die
     break;                    // for-Anweisung verlassen
  }
}
```

bewirkt die Ausgabe des Textes 'Hallo'. Die Verwendung von **break** erleichtert oft die Beendigung von komplexen Schleifen. Damit wird die Übersichtlichkeit eines Programms erhöht.

Die continue-Anweisung

Die Syntax für diese Anweisung lautet

```
continue;
```

und bewirkt die Fortsetzung der Ausführung der nächsthöheren sie umschließenden **while-**, **do-**, **for-** oder **switch**-Anweisung. Im Falle der **while-** und **do**-Schleifen setzt sie die Ausführung mit der Auswertung der Abbruchbedingung

(**Ausdruck**) fort, in **for**-Anweisungen mit der Auswertung von **Ausdruck1**. Das Beispiel

```
char *ref = "H a l l o";
for (int i = 0; *ref;) {
  if (*ref++ != ' ')
    continue;
    i++;
  }
cout << i;
}
```

bewirkt die Ausgabe der Zahl 4, die Anzahl der Leerzeichen im String "H a l l o".

Die goto-Anweisung

Diese Anweisung hat die Form

```
goto Name;
```

und kann dazu verwendet werden, die Programmsteuerung einer beliebigen Anweisung innerhalb einer Funktion zu übertragen. Diese Anweisung wird mit einer Marke (Label) angegeben, deren Name identisch ist mit dem Namen nach dem Schlüsselwort **goto**. Zum Beispiel:

```
         if (a > 0) goto schluss;
schluss: cout << "Ende \n";
```

Die return-Anweisung

Die Syntax der **return**-Anweisung lautet

```
return Ausdruck;
```

und wird verwendet, um die gegenwärtige Funktion zu beenden und gegebenfalls einen Wert zurückzugeben. Der Programmablauf wird an dem Punkt fortgesetzt, der unmittelbar dem Aufruf der Funktion folgt. Erscheint in der **return**-Anweisung kein **Ausdruck**, wird von der Funktion kein Wert zurückgegeben.

6 Funktionen

Die Funktion ist der grundlegende Baustein von C++ und der Ort aller Programmaktivitäten. Die Funktionen werden eingesetzt, um Programme in leichter verständliche Teile zu zergliedern. Sie stellen ein wesentliches Instrumentarium dar, um große Probleme in den Griff zu bekommen. Während bei Sprachen wie Pascal zwischen Prozeduren und Funktionen unterschieden wird, übernehmen in C++ die Funktionen beide Aufgabenbereiche. In C++ liefern alle Funktionen einen Wert (obwohl dieser Wert "nichts" sein kann). Für die Verwendung der Funktionen ist deren konkrete Implementierung im allgemeinen unwichtig. So lassen sich beispielsweise Ein- und Ausgabefunktionen sowie mathematische Funktionen aus Standardbibliotheken nutzen, ohne daß deren Implementierung bekannt sein muß. Es muß nur bekannt sein:

- der Name der Funktion,
- die Signatur (Typ, Anzahl, Reihenfolge der Parameter),
- der Ergebnistyp und
- eine eventuelle informelle Beschreibung über das, was die Funktion leistet.

Die Funktionen werden normalerweise als Prototypen entweder in Standard- oder benutzerdefinierten **header**-Dateien deklariert. Dies sind. Dateien, die eine Ergänzung .h haben und über die Preprozessor-Direktive **include** im eigenen Programm eingegebunden werden, Man kann sich eine **header**-Datei ausdrucken lassen, damit steht der größte Teil der Informationen zur Verfügung, die für den Aufruf dieser Funktionen benötigt werden. Sie können auch innerhalb von Programmdateien deklariert werden.

In C++ müssen immer Funktionsprototypen verwendet werden. Beim Prototyping wird jeder Funktion in der Deklaration oder Definition ein Muster zugeordnet, das festlegt, wie die Funktion aufgerufen werden soll. Der Compiler benutzt dieses Muster, um bei jedem Funktionsaufruf sicherzustellen, daß die richtige Anzahl Argumente mit den richtigen Typen und in der richtigen Reihenfolge übergeben wird. C++ ist eine **streng typisierte** Sprache. Sowohl in der Argumentenliste als auch beim Rückgabewert des Funktionsaufrufs erfolgt **eine Prüfung der Datentypen** während der Compilierung. Wenn keine Übereinstimmung zwischen dem tatsächlich vorliegenden Datentyp und dem Datentyp im Funktionsprototyp besteht, erfolgt eine implizite Typ-Konvertierung, falls möglich. Wenn keine implizite Konvertierung vorgenommen werden kann oder die Anzahl der Argumente nicht stimmt, kommt es zu einem Compilfehler.

6.1 Deklaration und Definition einer Funktion

Die allgemeinene Form der Definition einer Funktion lautet

```
[Speicherklasse] <Ergebnistyp> <Name_Funktion>
    ([<Typ1> <Parameter 1>,... ,<TypN> <Parameter N>])
{
  [Anweisungsfolge (Funktionsrumpf)];
}
```

Funktionen sind per Voreinstellung von der Speicherklasse **extern**. Auf sie kann von jeder Programmdatei zugegriffen werden. Sie können mit dem Speicherklassen-Spezifizierer **static** eingeschränkt werden. **Parameter1** bis **ParameterN** in der Deklaration, auch formale Patameter (Parameterdeklarationsliste, Argumentenliste) genannt, sind nur innerhalb der Funktionskörper gültig. Der Ergebnistyp gibt den Typ des Wertes an, den der **return**-Befehl der Funktion zurückgibt. Dieser Wert kann von jedem gültigen Typ sein, mit Ausnahme von Vektoren und Funktionen. Stattdessen kann jedoch ein Zeiger auf einen Vektor oder ein Zeiger auf eine Funktion als Ergebnistyp einer Funktion deklariert werden. Wird kein Ergebnistyp angegeben, so gibt die Funktion als Ergebnis eine ganze Zahl zurück. Eine Funktion, die keinen Wert zurückliefert, sollte mit dem Ergebnistyp **void** deklariert werden. Einige Beispiele für richtige Funktionsdeklarationen und Prototypen:

```
class Datum { };                    // Deklaration
enum Boolean { false, true };

Boolean suchen(int* , int);
double sqrt(double);
char* strcpy(char*, const char*);
Datum& kalender(char*);
void Fehler(char* , ...);
int* fb();
int (*fb)();
```

Die Liste der Parameter ist eine durch Kommata getrennte Aufzählung von Variablennamen mit den zugehörigen Datentyp, die beim Aufruf der Funktion die Werte der Argumente übernimmt. Der Funktionsrumpf repräsentiert den auszuführenden Programmcode für einen Funktionsaufruf. Die Modifizierer **const** und **volatile** können mit formalen Argumenten-Deklarationen verwendet werden. Ein Beispiel für die Definition einer Funktion:

```
int fac(int n)
{
if (n > 1)
return n*fac(n-1);            // Return bewirkt das sofortigen Verlassen
  else                        // der Funktion, in der es steht; mit ihm
   return 1;                  // wird ein Wert zurückgegeben.
}
```

Ferner kann die Parameterliste leer sein, und auch die Anweisungsfolge im Funktionskörper darf fehlen. Eine Funktionsdeklaration, die nur das Wort **void** in Klammern enthält, repräsentiert eine Funktion, die keine Argumente hat (es könte durchaus sein, daß die Angabe der Parameter vergessen wurde). Deshalb sind beide Deklarationen **f(void);** und **f();** semantisch äquivalent. Auch ohne Parameter sind die Klammern erforderlich. Eine minimale Funktion ist daher zum Beispiel:

```
leer( ) { }
```

die nichts leistet. In C++ bedeutet die obige Definition, das die Funktion **leer** ohne Parameter aufgerufen werden muß. In der Sprache C dürfte die Funktion **leer** mit einer beliebigen Anzahl von Parametern von Argumenten beliebigen Typs aufgerufen werden.

In einer Funktionsdefinition darf keine weitere Funktion definiert werden. Somit besteht jedes C++-Programm aus einer Ansammlung von Funktionen. Ein Ineinanderschachteln von Definitionen von Funktionen ist nicht gestattet. Folgendes Beispeil:

```
void GGT(int a, int b)
{
   int t = a;
   while (b) {
     t = b;
     b = a % b;
     a = t;
     }
   return a
}
```

berechnet den größten gemeinsamen Teiler der Zahlen **a** und **b**. Im Gegensatz zur "normalen" Variablendefinition muß hier für jedes Argument der Typ explizit angegeben werden. Eine Argumentenliste **"int a, b"** für die Funktion **GGT** ist nicht erlaubt. In der Deklaration einer Funktion dürfen die Variablennamen fehlen:

```
void GGT(int, int);
```

In der Definition einer Funktion erwartet der Compiler hingegen Argumentennamen, die der Funktionsrumpf dann verwenden muß, um die Argumentenwerte aufzunehmen und auf sie zugreifen zu können.

C++ macht von dieser Regel allerdings eine Ausname: Argumente in der Argumentenliste brauchen nicht mit Namen angegeben zu sein, wenn die Funktion auf sie nicht zugreift. C++ erlaubt unbenutzte Argumente für den Fall, daß spätere Versionen der Funktion geplant sind, die diese Argumente benötigen. Es ist natürlich auch möglich, dem Argument einen Namen zu geben und es trotzdem nicht zu verwenden. Neuere Compiler geben in diesem Fall jedoch eine Warnung aus.

Eine Funktion kann mehrere Male in einem Programm deklariert werden, vorausgesetzt, daß die Deklarationen kompatibel sind. Mit Ausnahme des Überladens von Funktionen in C++ (siehe Abschnitt 6.2.5) ist nur eine Definition pro Funktion zugelassen. Eventuell vorhandene mehrfache Deklarationen müssen mit dieser Definition übereinstimmen.

Der wichtigste Unterschied zwischen Definition und Deklaration besteht darin, daß die Deklaration keinen Funktionsrumpf hat und mit einem Semikolon abzuschließen ist. Beispiel:

```
void abs(double);          // Deklaration
void abs(double)           // Definition
  {.........
  }                        // Funktionsrumpf
```

6.2 Parameterübergabe

Beim Aufruf einer Funktion wird für jeden formalen Parameter Speicherplatz reserviert und mit den Werten der aktuellen Parameter belegt. Die deklarierten Parameter haben während der Funktionsdauer einen automatischen Gültigkeitsbereich und automatische Lebensdauer. Der einzige zulässige Speicherklassen-Spezifizierer ist **register**. Die Reihenfolge der Auswertungen ist nicht festgelegt. Beim Aufruf wird der Typ des formalen Parameter mit dem Typ des Wertes des aktuellen Parameters verglichen und gegebenfalls eine Konvertierung vorgenommen. Das Beispiel

```
void f(int i)
{
  cout << "i: "<< i;
}
...........
double r = 4.5;
f(r*0.6);
........
```

erzeugt die Ausgabe i: 2.

Der C++-Compiler führt wie bereits erwähnt eine strenge Typprüfung durch. Wird beispielweise eine Funktion, die als Parameter einen Wert vom Typ **int** erwartet, bereits im Programm mit einer Konstante eines anderen Typs aufgerufen, so meldet der Compiler einen Fehler. Ebenfalls werden bei Funktionen, die als extern deklariert sind, falsche Typangaben bemängelt. Die meisten Compiler führen aber durch klare Formulierungen der Fehlermeldung den Benutzer schnell zur Fehlerursache.

```
extern int quadrat(int);
```

```
main() {
 double x = 3.142564;
 x = quadrat(x);          // führt zur Fehlermeldung, da x nicht vom Typ int
}
```

Die Sprache C++ bietet wie auch ANSI C grundsätzlich zwei Mechanismen für die Übergabe der Argumenten an einem Programm - Aufruf über den Wert (**call by value**) und Aufruf über Referenz (**call by reference**)- an.

6.2.1 Aufruf über den Wert

Wie schon erwähnt, sind die formalen Parameter der Funktion innerhalb des Funktionrumpfes gültig. Bei dieser Methode werden die Werte der aktuellen Parameter bei Aufruf der Funktion in die entsprechenden Speicherbereiche kopiert, die mit den Namen der formalen Parameter assoziert sind. Deshalb ändern sich die Werte der aktuellen Parameter bei der Abarbeitung der Funktion nicht. Folgendes Beispiel

```
void f(int i)
{
  i++;
  cout << "i in der Funktion f: " << i <<"\n";
}
..........
int i = 1;
f(i);
cout << "i: " << i << "\n";
```

erzeugt die Ausgabe

```
i in der Funktion f: 2
i: 1
```

6.2.2 Aufruf über Referenz

Der Aufruf über Referenz ist die zweite Möglichkeit, Argumente an eine Funktion (Unterprogramm) zu übergeben. Bei dieser Methode wird die Adresse des aktuellen Parameters (Argumentes) in den entsprechenden formalen Parameter kopiert. Im Unterprogramm wird dann zum Zugriff auf das tatsächlich beim Aufruf verwendete Argument diese Adresse benutzt. Somit beeinflussen Änderungen des Parameters die Variable, die beim Aufruf des Programms verwendet wurde. Jeder formaler Parameter der Funktion kann als **Referenz** definiert werden. Der Name des formalen Parameters ist dann ein anderer Name (ein Stellvertreter) für das Objekt, das durch den aktuellen Parameter bestimmt wird. Folgendes Beispiel

```
void tausch(int& v, int& r)
{
 int t;
 t  =v;
 v  =r;;
 r  =t;
}

main()
{
  int i = 3;
  int j = 5;
  tausch(i,j);
  cout << "i: " << i << ", j:"<< j;
}
```

erzeugt die Ausgabe i: 5, j:3.

Die Realisierung des obigen Beispiels in C sieht z.B. so aus:

```
void tausch( v, r)
 int *v, *r;
 {
   int t;
   t = *v;
   *v     = *r;;
   *r     = t;
 }
 main()
 {
   int i = 3;
   int j = 5;
   tausch(&i, &j);
   cout << "i: " << i << ", j:"<< j;
 }
```

erzeugt auch die Ausgabe i: 5, j:3 und macht deutlich die Unterschiede zwischen C un C++ in diesem Punkt (Aufruf über Referenz).

6.2.3 Vektoren als Parameter

In diesem Abschnitt wird die Übergabe von Vektoren als Argument besprochen, da das eine Ausnahme der allgemeinen Konvention des Aufrufs von Funktionen über den Wert darstellt.

Bei einem Vektor als Funktionsargument wird nur die Adresse des Vektors übergeben und nicht eine vollständige Kopie. In C++ ist ein Vektor wie bereits angesprochen nichts anderes als ein konstanter Zeiger auf den Anfang des Vektors. Wenn Sie eine Funktion mit dem Namen eines Vektors als Argument aufrufen, so wird nur die Adresse auf den Anfang des Vektors an die Funktion übergeben. Mit anderen Worten, ein Parameter **T m[ ]** wird in den Typ **T *m** konvertiert, falls er ein Parameter eines Funktionsaufrufes ist. Dies hat zur Folge, daß die Funktion auf dem aktuellen Parameter arbeitet und diesen damit verändern kann. Es gibt drei Möglichkeiten, einen Vektor als Parameter an eine Funktion zu übergeben:

```
void print(int *m)
{
 for (int i = 0; i < 3; i++)
  cout << m[i]; // äquivalent zu *(m+i)
  cout << "\n";
}

void print_m(int m[])
{
 for (int i = 0; i < 3; i++)
  cout << m[i]; // äquivalent zu *(m+i)
  cout << "\n";
}

void print_m(int m[3])
{
 for (int i = 0; i < 3; i++)
  cout << m[i];                // äquivalent zu *(m+i)
  cout << "\n";
}
```

6.2.4 Andere Parameterübergabemöglicheiten

Es existieren noch einige für weitere Anwendungsfälle interessante Möglichkeiten, Parameter an eine Funktion zu übergeben, die im Folgenden erläutert werden.

6.2.4.1 Voreingestellte Argumente

Eine Funktion benötigt manchmal zur Behandlung spezieller Fälle mehr Parameter als für den üblichen Gebrauch. Um solche Fälle einfacher zu bewältigen, können in C++ Funktionen definiert werden, die mit weniger Argumenten als in ihrer Definition aufgerufen werden dürfen. Argumente, für die keine Werte übergeben werden müssen, werden mit voreingestellten Werten initialisiert und **default**-Argumente genannt. Wenn oft mit solchen voreingestellten Werte gearbeitet wird, kann damit viel Schreibarbeit gespart werden. Da die **default**-Argumente mit anderen Werten vom gleichen Typ überschrieben werden können, leidet die Flexibilität der Programme darunter nicht. Diese Argumente können bei einer späteren Deklaration nicht mehr neu initialisiert werden. Im folgenden Beispiel

```
punkt(int = 3, int = 4);
.........
punkt(int = 5, int = 4);// Fehler: der erste Argument wird erneut initialisiert
```

wird eine Funktion deklariert, die mit Null, ein oder zwei Parametern vom Typ **int** aufgerufen werden kann. Die Aufrufe können dann so aussehen:

```
punkt(1,2); punkt(1); punkt();
```

Die letzten zwei Aufrufe sind identisch mit den Aufrufen

```
punkt(1,4); und punkt(3,4);
```

Man kann aber bei einer neuen Deklaration zusätzliche **default**-Argumente aufnehmen, z.B.:

```
punkt(int, int, int = 4);        // neue Deklaration von punkt mit einem
                                 // default-Argument vom Typ int
```

Die voreingestellten (default) Argumente dürfen nur am Ende der Parameterliste auftreten. Die Regel lautet: das erste voreingestellte Argument, das am weitesten links steht, darf nur von voreingestellten Argumenten gefolgt werden.

```
int f(int a = 0, int b = 0, char* c);      // Fehler
int f(int a, int b = 0, char* c = 0);      // richtig
int f(int a = 0, int b, int c);            // auch richtig, aber nur als
                                           // erneute Deklaration von f
int d(int , int = 0, char* = 0);
```

Die vorletzte Zeile, eine neue Deklaration der Funktion **f**, scheint auch fehlerhaft zu sein, ist es aber nicht, denn an diesem Punkt der Neudeklaration von **f** ist **a** das am weitesten links stehende voreingestellte Argument, dem nur voreingestellte Argumente folgen (siehe auch Lipp91).

Man beachte auch das Leerzeichen zwischen **char*** und = bei der Deklaration der Funktion **d**. Bei der Schreibweise **char*=0** (ohne Leerzeichen zwischen **char** und *****) würde ***=** als kombinierter Zuweisungsoperator angesehen werden.

6.2.4.2 Funktionen als Parameter

Eine Funktion kann auch aktueller Parameter einer Funktion sein. Hierzu übergibt man einen Zeiger auf die Adresse der zu übergebenden Funktion. Diese Adresse ist der Einsprungpunkt (die Startadresse der Funktion im Speicher), der bei der Übersetzung des Quellcodes eingerichtet wird und auf den bei jedem Aufruf der Funktion durch einen Maschinensprache-Aufruf gesprungen wird, um die Funktion auszuführen. Ein Zeiger **zei** auf eine Funktion vom Typ **void** mit drei Parameter (**int* , int, int**) kann so definiert werden:

```
void (*zei)(int* , int, int);
```

Da der Funktionsoperator () höhere Priorität als der Dereferenzierungsoperator * hat, muß ***zei** in Klammern stehen. Dagegen wird die Anweisung

```
void *zei(int *, int, int);
```

vom Compiler interpretiert als Deklaration einer Funktion **zei**, die einen Rückgabewert vom Typ **void*** hat und nicht vom Typ **void**, wie es beabsichtigt wurde.

Wenn ein Funktions-Zeiger einmal definiert ist, muß er zunächst mit einer Funktionsadresse initialisiert werden, bevor er angewandt werden kann. Ein Funktionsname, z.B. **funk** ohne den Aufrufsoperator (), ergibt ähnlich wie der einfache Name eines Vektors die Adresse der Funktion **funk**. Die Adresse einer Funktion kann man auch mit dem Adressoperator erhalten. Folgendes Beispiel zeigt, wie man einen Funktions-Zeiger deklariert, initialisiert und anwendet:

```
void funk() { ....... };

.........
void (*fz)();                // deklariet einen Funktions-Zeiger fz
fz = funk;                   // identisch mit fz = &funk()
void (*fz1)() = funk;        // gleichzeitige Deklaration und Initialisierung
(*fz)();                     // dereferenziert den Zeiger fz und entspricht
                             // einem Funktionsaufruf
fz();                        // entspricht der vorigen Anweisung. Beide
                             // Formen sind völlig gleichwertig.
```

Eine Anwendung für Funktionen als Argumente wäre eine Funktion **sortieren** für die Elemente eines Vektors, die je nach Situation verschiedene Sortieralgorithmen (Quicksort - geeignet für die meisten Fälle, Mergesort - wenn die Elemente in absteigender Reihenfolge sortiert werden,

Heapsort - wenn man mit dem Speicherplatz haushalten muß, Bubblesort - bei nur wenige Elemente) einsetzen soll. Die Deklarationen für die Funktionen, die diese Algorithmen realisieren, können so aussehen:

```
void Quicksort(int* , int, int);          // Sortieralgorithmen
void Mergesort(int* , int, int);
void Heapsort(int* , int, int);
void Bubblesort(int*, int, int);
```

Mit folgender Deklaration wird einen Zeiger **zf** auf eine Funktion erzeugt, die die Rückgabe **void** und drei Argumente (**int*, int, int**) hat, d.h. ein Zeiger auf eine Funktion, die die gleiche **Identifikation** (Rückgabewert und Parameterliste) hat wie die oben deklarierten Funktionen:

```
void (*zf)(int* , int, int);    // zf ist ein Zeiger auf eine der oben
                                // angegebenen Funktionen

#include <assert.h>

void sortieren(int* IA, int ugre, int ogre, void (*zf)(int* , int, int ))
{
 assert (IA != 0);              // assert prüft eine Bedingung und bricht
                                // das Programm ab, wenn sie nicht zutrifft
 assert (ZF != 0);
 zf(IA, ugre, ogre);
}

main() {
 extern int *IA;                // IA - ein Vektor mit ganzzahligen Elemente
 extern int gross;
 if (gross > 20) sortieren(IA, 0, groß, zf = &Quicksort)
  else sortieren(IA, 0, gross, zf = &Bubblesort)
}
```

6.2.4.3 Ellipsen

Eine weitere Möglichkeit der Parameterübergabe soll hier nur am Rande erwähnt werden, da C++ sie durch Default-Argumente und Überladung weitestgehend überflüssig macht. Es ist aber manchmal nicht möglich, Typ und Anzahl aller Argumente festzulegen, die an die Funktion übergeben werden müssen. In einer Funktionsdeklaration/definition läßt sich dann durch Angabe der Ellipse ... (drei aufeinanderfolgende Punkte ohne Leerraum) eine unspezifische Anzahl von Parametern beliebigen Typs angeben. Beispiel:

```
void fff();         // fff wird immer ohne Argumente aufgerufen
void ff( ... );     // ff kann mit 0 oder mehr Argumenten aufgerufen werden

void printf(char *, ...);        // Deklaration von printf, wobei das Komma
                                 // vor den Ellipsen weggelassen werden darf
printf("reine Zeichenkettenausgabe\n");
printf("Ausgabe der Integerzahl %d \n",4445);
```

In unserem Beispiel ist **printf** so deklariert, daß Aufrufe mindestens ein Argument vom Typ **char*** haben muß. Daneben können beliebig viele Argumente vorhanden sein. Diese Form des Prototyps reduziert den Umfang der Überprüfung, die der Compiler durchführen kann. Wie der Aufruf abgearbeitet wird, liegt in der Verantwortung der Funktion. Bei solchen Funktionen ist der Compiler nicht mehr in der Lage, eine Typkonvertierung von aktuellen und formalen Parametern durchzuführen, so daß die korrekte Behandlung eines Aufrufes auch in dieser Hinsicht im Verantwortungsbereich der Programmierer liegt.

6.2.5 Überladen von Funktionen

In der Regel haben in den tradionellen Sprachen die verschiedenen Funktionen verschiedene Namen. Wenn aber

Funktionen die gleichen Aufgaben auf Objekte unterschiedlichen Typs verrichten, ist es sinnvoll, wenn diese Funktionen auch mit gleichen Namen versehen werden. Hierdurch wird besonders die objektorientierte Programmierung unterstützt.

Das Überladen von Funktionen bedeutet, daß man eine Reihe unterschiedlicher Funktionen mit identischen Namen und unterschiedlichen Argumentenlisten definieren kann. Diese Technik ist uns inzwischen implizit bekannt. So ist der Operator + sowohl für **int**-Werte und **double**-Werte wie auch für Zeiger definiert. Dies geschieht, indem man im gleichen Geltungsbereich mehrere Funktionen mit dem gleichen Namen deklariert. Somit wird der Name für diese Funktionen überladen. Am gebräuchlichsten ist das Überladen von Funktionen im Zusammenhang mit **Konstruktoren einer Klasse** (**class**-Definitionen). In der Regel benötigt eine Klasse mehr als einen Konstruktor, um unterschiedliche Arten der Initialisierung zur Verfügung zu stellen. Innerhalb der Klasse funktioniert das Überladen automatisch: Der Programmierer muß lediglich mehrere Funktionen mit dem gleichen Namen definieren:

```
class widget {
  int i;
public:
  widget() { i = 0; }
  widget(int j) { i = j; }
  widget(double k) { i = (int)d; }
};
```

In diesem Beispiel findet die Überladung der Konstruktoren für **widget** automatisch statt.

Auf Funktionen, die nicht mit einer Klasse assoziiert sind (keine Member-Funktionen), kann die Überladung auch angewandt werden. Bei älteren Versionen des Compilers muß dem Namen der überladenen Funktion das Schlüsselwort **overload** voranstehen. Beispiele:

```
double abs(int);
int abs(int);
```

oder

```
void pri(int i)
{
  cout << i << "\n";
}

void pri(char *ch)
{
  for (i = 0; ch[i] !=' \0'; i++);
  cout << chr(ch[i]) << "\0";        // chr wandelt die Integerzahl ch[i]
                                     // in die entsprechende charakter-Darstellung um.
  cout << "\n";
}
```

Bei Aufruf der Funktion **pri** wird durch den Typenvergleich des aktuellen Parameters mit dem formalen Parameter die entsprechende Funktion ausgewählt. Sind alle Typen der formalen Parameter ungleich dem Typ des aktuellen Parameters, so wird versucht, durch Typkonvertierung die zugehörige Funktion zu bestimmen. Der Aufruf **pri(2.1)** ergibt z.B. die Ausgabe 2, da **double** nach den Konvertierungsregeln in **int** konvertiert wird.

Damit der Compiler zwischen den verschiedenen Versionen einer überladenen Funktion differenzieren kann, müssen sich alle Funktionen in der Argumentenliste unterscheiden. Anzahl und Typ der Argumente dürfen sogar gleich sein, solange sich die Reihenfolge unterscheidet. So zum Beispiel:

```
#include <stdio.h>

void print(int x, char c) {
  puts("erste Funktion: int, char");
}
void print(char c, int i)
{
   puts("zweite Funktion: char, int");
}

main()
{
 int i = 0;
 char c = 'x';
 print(i,c);        // die gleichen Parameter, aber in umgekehrte
 print(c,i);        // Reihenfolge
}
```

6.2.6 Inline-Funktionen

In C++ gibt es zwei Möglichkeiten, die dazu dienen, Schreibarbeit zu sparen, die Lesbarkeit des Programms zu erhöhen, Fehler zu vermeiden und dabei die Kosten für einen richtigen Funktionsaufruf zu sparen. Die erste, durch Präprozessor-Macros

```
#define Bezeichner Zeichenkette
```

ist bei den C-Programmierern sehr populär, hat jedoch einige Nachteile. Sie verhindert die bei "richtigen" Funktionen üblichen Fehleruntersuchungen seitens des Compilers.

C++ strebt tendentiell nach 'kleinen', wenig umfangreichen Funktionen, fordert sie sogar in einigen Situationen. Der effizienzbewußte Programmierer würde in dieser Situation allerdings Preprozessor-Makros vorziehen - eben wegen der Effizienzkosten eines Funktionsaufrufs. Aus diesem Grund besitzt C++ das Konzept der **inline**-Funktion, eine zweite Möglichkeit, die oben genannten Vorteile zu erzielen. Eine **inline**-Funktion wird duch das Schlüsselwort **inline** gekennzeichnet:

```
inline int ein() { return 1; }
```

Eine **inline**-Funktion wird vom Compiler wie ein Macro behandelt. Im Gegensatz zu anderen Funktionen erzeugt er keinen Code für die Funktion, sondern merkt sich die Anweisungen des Funktionsrumpfes und ersetzt mit ihnen die Funktionsaufrufe direkt. Aus diesem Grund muß die letzte Anweisung im Funktionsrumpf durch ein Semikolon abgeschlossen sein. Vor der Expansion einer **inline**-Funktion nimmt der Compiler wie bei üblichen Funktionsaufrufen eine Syntaxüberprüfung vor. Die Effizienz des Makros ist in **inline**-Funktionen also mit der Typüberprüfung kombiniert.

Bezüglich der Terminologie sind die **inline**-Funktionen etwas diffizil. Da der Funktionsrumpf keinen Speicherplatz benötigt, neigt man dazu, nicht von Definition, sondern von Deklaration zu sprechen. Jedoch können **inline**-Funktionen aber nicht wie normale Funktionen deklariert werden. Beispielsweise hat

```
inline int ein();
```

für den Compiler keinen Sinn. Er ignoriert einfach das Schlüsselwort **inline** und sucht nach einer 'echten' Funktionsdefinition für **ein**. Stattdessen können **inline**-Funktionen in **Header**-Files deklariert werden, und zwar mit vollständigem Anweisungsteil. Zu dieser Deklaration gibt es keine Definition: Man kann mit Recht von einer 'Definition' sprechen.

Da der Code einer **inline**-Funktion für jeden Aufruf kopiert wird, scheint die Befürchtung berechtigt, daß **inline**-Funktionen den Codeumfang eines Programms vergrößern. Es soll jedoch bedacht werden, daß auch Funktionsaufrufe Code benötigen. Die Argumente müssen auf den Stack gebracht und der Funktionswert übergeben werden. Kurze **inlines** sparen also unter Umstände sogar Code. Dazu kommt, daß **inline**-Funktionen keinen Speicherplatz belegen, wenn sie überhaupt nicht verwendet werden, während echte Funktionen immer Platz in Anspruch nehmen. Das **inline**-Schlüsselwort ist im Moment lediglich ein Hinweis für den Compiler.

Ein großer Vorteil von **inline**-Funktionen besteht in der Einsparung von Schreibarbeit. Deklaration und Definition geschehen in einem Schritt. Dies erhöht darüber hinaus die Lesbarkeit eines Programms. Viele Programmierer, vor allem aber Bücher und Artikel über C++-Programmieren, neigen deshalb dazu, **inline**-Funktionen zu mißbrauchen und sie auch dann einzusetzen, wenn der Gesichtspunkt der Effizienz überhaupt keine Rolle spielt. Das Problem besteht hauptsächlich darin, daß **inlines** die Kapazität des Compilers beanspruchen, der sich den gesammten **inline**-Code merken muß. Bei Projekten, die eine gewisse Größe überschreiten, und Systemen, die beschränkten Speicherplatz zur Verfügung stellen (etwa MS-DOS), können die Kapazitäten des Compilers durch zuviele oder zu umfangreiche **inlines** erschöpft werden.

Die Geschwindigkeitsvorteile von **inline**-Funktionen werden tendenziell unwichtiger, wenn die Funktionen größer werden. Von einem gewissen Punkt an ist der Aufwand für den Funktionsaufruf gemessen am Aufwand für die Ausführung der Funktion so gering, daß er vernachlässigt werden kann.

7 Klassen

Mit den bis jetzt erworbenen Kenntnissen sind wir in der Lage, uns mit einem der zentralen Elemente der objektorientierten Sprache C++ zu beschäftigen - der Klasse. Die C++-Klassen sind eine Erweiterung des vordefinierten Typ-Systems der Sprache.

Eine Klasse läßt sich auch als die Möglichkeit beschreiben, bei der Definition von neuen Datentypen zusammengehörige Daten mit den Funktionen, die auf ihnen arbeiten, zu kombinieren. Klassen erlauben auf diese Weise, Daten und Funktionen dem unbeschränkten Zugriff zu entziehen. Wenn eine neue Klasse erzeugt wird, entsteht ein neuer (abstrakter) Datentyp, der durch eine zugrundeliegende Datenstruktur (eine eindeutige Menge von Objekten) und den zu ihr gehörenden Operatoren (Operationen und Konvertierungen, um diese Objekte zu erzeugen, zu bearbeiten und zu löschen) festgelegt ist. Eine Klasse ist ein Datentyp, wie beispielsweise auch **float** ein Datentyp ist. Wenn zwei **float**-Werte addiert werden, weiß der Compiler, welche Operation durchgeführt werden muß. Bei einer Klasse muß der Programmierer den Compiler durch Definition geeigneter Methoden "lehren", was jeweils zu tun ist. Es können auch abgeleitete Klassen definiert werden, die die Elemente einer oder mehrerer Klassen erben.

In diesem Kapitel werden folgende Merkmale der Klasse aufgezeigt:

- Klassendeklaration
- Konstruktoren und Destruktoren
- Initialisieren von Klassen
- Member-Objekte
- andere abgeleitete Datentypen

7.1 Deklaration von Klassen

Die Deklaration einer Klasse, eines abgeleiteten und strukturierten Datentyps, sieht so aus:

<Klassenschlüssel> <Klassenname> [:<Basisklasse>] {[Mitgliederliste]};

Sie beginnt mit dem Klassenschlüssel, einem der reservierten Wörter **class, struct** oder **union**. Darauf folgen der Klassenname und der Name der Basisklasse. Den Abschluß bilden die Mitgliederliste (Definitionsrumpf) in geschweiften Klammern sowie ein Semikolon ;, das auf keinen Fall fehlen darf.

Die in eckige Klammern gesetzten Teile der Deklaration sind optional und dürfen fehlen, was bei der Mitgliederliste fast sinnlos ist. Das Fehlen der Option **Basisklasse** mit dem davorstehenden Doppelpunkt bedeutet, daß eine **Basisklasse** deklariert wird, ansonsten ist es eine von der Basisklasse **abgeleitete Klasse**.

Der Definitionsrumpf enthält Variablendefinitionen und Funktionsdefinitionen/deklarationen, für die Speicherklassen-Spezifizierer und Zugriffsmodifizierer verwendet werden können. Die Speicherklassen-Spezifizierer **register**, **extern** und **auto** sind für Variablen innerhalb der Klassendeklaration nicht erlaubt. Nur mit dem Speicherklassen-Spezifizierer **static** können Elemente deklariert werden. Die Variablen und Funktionen sind eng mit der Klasse verbunden. Auf sie kann nur über ein Objekt der Klasse zugegriffen werden. Obwohl die Variablen wie normale (lokale) Variablen aussehen, reserviert der Compiler für sie keinen Speicherplatz, solange kein Objekt der Klasse erzeugt wurde. Deshalb ist es nicht erlaubt, innerhalb der Klasse ein Objekt der Klasse selbst zu definieren, da der Compiler in diesem Fall nicht in der Lage ist, die Größe der Klasse zu ermitteln. Ein Klasssenobjekt kann nur dann als Datenelement deklariert werden, wenn die Klassendefinition schon erfolgt ist oder falls noch nicht, durch eine Vorausdeklaration (invollständige Deklaration), wie:

```
class A;
class B {
   A a;
......
}
```

Die Variablen und Funktionen einer Klasse (beide lassen sich unter dem Begriff Mitglieder (Member) oder Elementenliste der Klasse zusammenfassen) vom Typ **class** sind standardgemäß nach außen hin unsichtbar - der Anwender kann auf sie nicht zugreifen. Diese Mitglieder werden deshalb private Elemente genannt. Ausgewählte Mitglieder, die dem Anwender zugänglich gemacht werden sollen, werden mit Hilfe des Schlüsselwortes **public** explizit als "öffentlich" deklariert. Private Mitglieder können durch das Schlüsselwort **private** explizit gekennzeichnet werden. Die Schlüsselwörter **private**, **public** und **protected** (auf deren Bedeutung für die abgeleiteten Klassen wir im Kapitel 8.2 eingehen werden) dürfen auch mehrmals in einer Klassendeklaration auftreten und behalten solange ihre Gültigkeit, bis ein anderes Schlüsselwort dasteht oder das Ende der Deklaration erreicht ist. Die Bedeutung dieser Atribute für die Klassenelemente ist folgende:

public Das Element kann von jeder Funktion benutzt werden.

private Das Element kann nur von Elementfunktionen und Friends der Klasse, in der es deklariert wurde, benutzt werden.

protected Für eine Basisklasse gilt das gleiche wie für **private**.

In diesem Kapitel beschäftigen wir uns, wenn nicht anders

gesagt, nur mit Basisklassen vom Typ **class** und deren Instanzen. Fehlt am Anfang des Klassenrumpfes ein Schlüsselwort, so ist **private** implizit enthalten.

Eine einfache **class**-Deklaration kann z.B. so aussehen:

```
class KOMPLEX {
  double R, I;                    // standardgemäß 'privat'
public:                           // alle nachfolgenden Mitglieder sind 'public'
  void set(double re, double im)
    {
      R = re;
      I = im;
    }
    double real(void) {return R}          // inline-Funktion
    double imag(void) {return I}          // inline-Funktion
    double abs(void);
  };
```

Die Klasse **KOMPLEX** ist eine Basisklasse und besitzt sechs Mitglieder (Elemènte), die privaten Daten **R** und **I** und vier öffentliche Funktionen - **set**, **real**, **imag** und **abs**. Auf **R** und **I** kann nur mittels der vier erwähnten Funktionen zugegriffen werden. **set**, **real**, **imag** und **abs** werden manchmal Zugriffsfunktionen oder Schnittstelle genannt, da sie den Zugriff auf die Daten implementieren. An dieser Stelle muß noch einmal darauf hingewiesen werden, daß nur Member-Funktionen einer Klasse (bzw. Member-Funktionen einer **friend**-Klasse) die privaten Variablen lesen und verändern können (Datenkapselung und Information Hiding). Eine Elementfunktion einer Basisklasse hat auch Zugriff auf vererbte Elemente von abgeleiteten Klassen, nicht aber auf die neuen Elemente der abgeleiteten Klasse.

Der private Teil der Klassendefinition enthält in der Regel nur wenige oder gar keine Methoden und der öffentliche

Teil nur wenige Variablen (Eigenschaften). Natürlich sind auch Extremfälle erlaubt, in denen alle Member (Variablen und Methoden) **public** sind oder alle Member **private** sind, obwohl der letzte Fall unsinnig ist, da dann für die Instanzen einer solchen Klasse keine Methode ausführbar ist.

Wie schon angegeben, sind **real** und **imag inline**-Funktionen, obwohl das Schlüsselwort **inline** fehlt. Der Compiler erkennt **inline**-Funktionen am Vorhandensein des Funktionsrumpfes innerhalb der **class**-Definition.

Mit der Deklaration der Klasse **KOMPLEX** wurde ein eindeutiger Klassentyp 'angemeldet'. Mit ihm können weitere Objekte dieses Typs oder von diesem Typ abgeleitete Objekte (z.B. Zeiger auf **KOMPLEX**, Referenzen auf **KOMPLEX**, Vektoren von **Komplex**) genauso wie andere Variablen erzeugt werden:

```
KOMPLEX x, &xr, *xzei, xvektor[10];          // vier Objekte
```

Beispiel:

```
#include <stream.h>
#include "complex.h"                 // complex.h enthält die Deklaration
                                     // der Klasse KOMPLEX
double KOMPLEX::abs(void) {
    double sqrt(double);
    return sqrt(R*R + I*I);
}

main()
{
 KOMPLEX num;
 num.set(3.0,4.0);
 cout << "Absolut(KOMPLEX("
       << num.real()
```

```
        << ","
        << num.imag()
        <<")) = "
        <<num.abs();
    }
```

Die Member-Funktionen, in C++ auch Methoden genannt, können auch innerhalb der Klassen (z.B. **Komplex**) deklariert und an einer anderen Stelle definiert werden, wie **abs**. Die Funktion **abs** ist keine gewöhnliche äußere Funktion, sondern eine Member-Funktion der Klasse **KOMPLEX**. Dies wird durch das Voranstellen des Gültigkeitsereichsqualifikators **KOMPLEX::**, der aus dem Klassennamen und dem Bereichsoperator :: besteht, vor der Funktion **abs** bei ihrer Definition erreicht. Dadurch wird erstens ermöglicht, daß verschiedene Klassen Methoden des gleichen Namens besitzen, um gleiches oder ähnliches Verhalten von Objekten zu repräsentieren, die aber ganz verschiedene Definitionen und Implementierungen besitzen. Zweitens hat dies den Vorteil, daß bei der Generierung eines solchen **class**-Objektes nicht jedes mal Platz für diese Funktion geschaffen werden muß, sondern nur ein Verweis auf die außerhalb definierte Funktion, die somit nur einmal existiert. Bevor aber eine Methode für eine Klasseninstanz aufgerufen werden kann, muß diese erst erzeugt werden.

Im angeführten Beispiel wurde zuerst eine Instanz (Objekt) **num** vom Typ **KOMPLEX** erzeugt, dann wurden mit der Funktion **set** die Anfangswerte (3.0,4.0) zugewiesen und als nächstes die Funktionen **real**, **imag**, **abs** zwecks Ermittlung des Absolutwertes einer komplexen Zahl aufgerufen. Ein öffentliches Element (Datenelement oder Funktionselement) eines Objektes kann benutzt werden, indem sein Name mit dem Memberoperator . und **Objekt-Name** aufgerufen wird (z.B. num.set(3.0,4.0)). Die generelle Syntax lautet:

Objekt-Name.Element[funktion(Parameter-Liste)]

oder

Objekt-Name->Element[funktion(Parameter-Liste)]

Wenn Sie einen Zeiger auf das Klassen-Objekt haben, wird der Selektor für die Zeiger-Komponente **->** verwendet (z.B. **num->set**(3.0,4.0)). Die Ausführung des Programms von Seiten 103-104 bewirkt folgende Ausgabe:

Absolut(KOMPLEX(3.0,4.0) = 5

Für ein Element oder Basiselement **m** der Klasse **X** nennt man den Ausdruck **X::m** einen **qualifizierten Namen**. Damit kann auf das gewünschte Element auch dann zugegriffen werden, wenn der Klassenname **X** durch einen anderen Namen verdeckt ist (siehe auch 5.1 und Kapitel 8).

Im folgendem wollen wir drei weitere Möglichkeiten beschreiben, über die Elemente(Member) einer Klasse zu verfügen.

Zeiger auf Klassenmember

Wie gesagt stellt eine Klasse nichts anderes dar als ein Schema für die Erzeugung neuer Objekte und ist physisch im Programm nicht existent, solange keine Instanzen der Klasse erzeugt werden. Entsprechend zeigt auch ein Zeiger auf ein **class**-Member nicht auf existierende Daten, sondern auf "den Ort, an dem die Daten stehen werden" - jeweils für eine spezifische Instanz der Klasse. Aus diesem Grund kann ein Zeiger auf ein **class**-Member niemals direkt dereferenziert werden; er muß immer zuerst mit einem Objekt assoziiert sein.

Die Definition eines Member-Zeigers umfaßt den exakten Typ des Members und den **class**-Namen. Das folgende Beispiel demonstriert die Syntax eines Member-Zeigers:

```
class X {
  int i;
public:
  int v;
  X(int ii = 0) { i = v = ii; }
  int mul(int x) { return i*x; }
};

int X::* zei_mem_int;                // Zeiger auf ein int-Member von X
int (X::*zei_mem_fun)(int);          // Zeiger auf eine Member-Funktion von X

zei_mem_int = &X::v;                 // Zuweisung eines int-Members
zei_mem_fun = &X::mul;               // Zuweisung einer Member-Funktion
```

Um einen Zeiger auf ein **class**-Member zu benutzen, wird zunächst eine Instanz der Klasse erzeugt und der Member-Zeiger dann mit Hilfe der Instanz dereferenziert. Man darf aber nur Zeiger auf öffentliche Klassenelemente deklarieren. Zum Beispiel:

```
X a(4);
a.*zei_mem_int = 12;                 // setzt a.v auf 12
int b = (a.*zei_mem_fun)(47);        // wie int b = a.mul(47)
```

Der **.***-Operator redeferenziert einen Zeiger auf ein **class**-Member. Man kann Member-Zeiger auch mit Objekt-Zeigern verwenden, indem man den **->***-Operator aufruft.

```
X* C = new X(11);
C->*zei_mem_int = 44;                // wie C->v = 44
ind d = (C->*zei_mem_fun)(9);        // wie int d = C->mul(9)
```

Member-Zeiger sind sinvoll, wenn beispielsweise eine Funktion definiert werden soll, die eine Operation auf alle Elemente einer Ojektliste anwendet. Ein Zeiger auf ein Member der Basisklasse kann in einen Zeiger auf ein Element der abgeleiteten Klasse konvertiert werden, wenn das Member der Basisklasse als **public** deklariert ist und durch die Konvertierung keine Ambivalenz entsteht.

this-Zeiger

Zu jeder nicht-statischen Member-Funktion gibt es implizit (als verstecktes Argument) einen Zeiger, der auf dieses Klassenobjekt zeigt. Zu jedem Object einer Klasse, z.B. **X**, existiert ein Zeiger namens **this**, welcher implizit als

X *this;

deklariert und so initialisiert ist, daß er auf die Klassen-Instanz zeigt, für die eine Member-Funktion aufgerufen wurde. Der Zeiger **this** kann nicht explizit deklariert werden, da es sich um ein Schlüsselwort in C++ handelt. Zum Beispiel ist folgende Definition

```
class X
{
  int mem;
  public:
  int out()
    {
     return this->mem;
    }
};
```

äquivalent zu

```
class X
  {
    int mem;
    public:
    int out()
      {
        return mem;
      }
  };
```

Mit anderen Worten, die Benutzung von **this** ist beim Zugriff auf Member unnötig. Typischerweise wird **this** bei der Implementation von Member-Funktionen gebraucht, die direkt Zeiger manipulieren, d.h. bei der Manipulation von Listen. Folgendes Beispiel verwendet den Zeiger **this** für das Einfügen eines Elementes in eine doppeltverkettete Liste.

```
class dkette
{
  dkette *vor;
  dkette *nach;
 public:
  void einfuegen(dkette *x);
};

void dkette::einfuegen(dkette *x)
{
 x->nach = nach;                    // x->nach = this->nach
 x->vor = this;                     // Verwendung von this
 nach->vor = x;                     // this->nach->vor = x
}

main() {
dkette *l;                          // Listenkopf
```

```
    l->einfuegen(y);            // fügt das Element y ein
    l->einfuegen(z);            // fügt das Element z ein
}
```

Bild 6 stellt grafisch das Einfügen (Löschen und Neuaufbau von Verbindungen) von Elementen in einer doppeltverketten Liste dar.

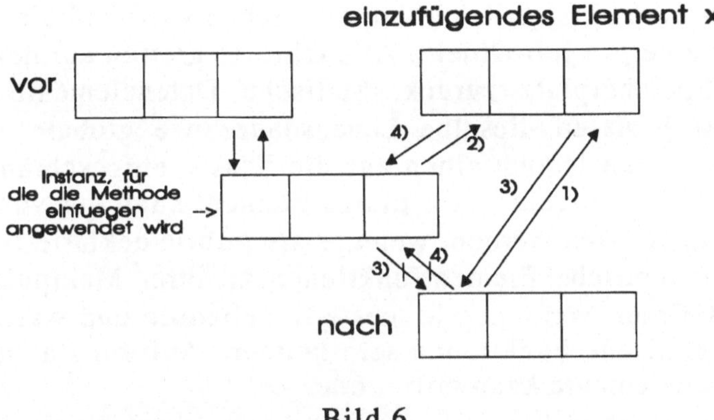

Bild 6

Statische Klassenelemente

In der Regel wird für jedes neue Objekt der Klasse eine eigene Kopie der Datenelemente erzeugt. Manche Situationen allerdings werden eleganter gelöst, wenn alle Objekte zumindest einige Datenelemente gemeinsam haben. Solche gemeinsamen Daten können mittels Schlüsselwort **static** als Teil der Klasse deklariert werden. Zum Beispiel wäre es bei der Verwaltung eines Betriebssystems (oder auch bei einer Simulation) sehr nützlich, nur eine Liste aller Jobs zu haben:

```
class job
{
 job *next;
 static job *joblist;
```

```
public:
void schedule(int);
void wait(event);
......
};
```

Die Deklaration des Members **joblist** als **static** sichert, daß es nur eine einzige Kopie hiervon geben wird und nicht jeweils eine pro **job**-Objekt. Alle Objekte greifen auf denselben Speicherplatz zurück. Statische Datenelemente wie **joblist** besitzen dieselbe Lebensdauer wie globale Variablen, haben jedoch einen auf die Klasse eingeschränkten Sichtbarkeitsbereich. Auf dieses Element kann nur von außen zugegriffen werden, wenn es als **public** deklariert wird oder öffentliche Elementfunktionen zu ihrer Manipulationen definiert werden, wie hier z.B. **schedule** und **wait**, die auch statische Funktionen sein können. Auf die statischen Klassenelemente kann mit . oder ->

```
job job1;                    // Objekt job1
job1.wait();
```

oder, weil es unwichtig ist, für welches Klassenobjekt die Fuktion aufgerufen wird, durch

```
job::wait();
```

zugegriffen werden.

C++ 2.0 unterstützt konsequent statische Elemente innerhalb von Klassen, indem eine spezielle Syntax zur Verfügung gestellt wird, um solche Member-Objekte vor Aufruf der Funktion **main()** zu initialisieren. Statische Datenelemente mit eingebautem Typ werden standardgemäß mit Null, statische Member-Objekte mit Konstruktor ohne Argumente initialisiert. Falls eine spezielle Initialisierung gewünscht wird, muß diese explizit durchgeführt werden.

Statische Member-Objekte werden wie globale Variablen initialisiert - mit dem einzigen Unterschied, daß zusätzlich der Operator :: zusammen mit dem Namen angegeben werden muß. Zum Beispiel:

```
class ventil {
  static rey_num r;
  static float ska_fak;
  static turbo *turb;
public:
  static float open();
  static float close();
  ......
};
// Initialisierung der statischen Datenelemente
  rey_num ventil::r(1.2,"ventil",3);          // Konstruktor der Klasse rey_num
  float ventil::ska_fak = 4.3;
  turbo *ventil::turb = new turbo(ventil::r,ventil::ska_fak);
  float ventil::open() { }                    // Funktionsdefinition
  float ventil::close() { }                   // Funktionsdefinition
```

Statische Mitglieder einer Klasse können unabhängig von der Existenz irgendeines Objektes angesprochen werden; für die Initialisierung ist auch der Zugriff auf ansonsten private statische Datenelemente erlaubt. Statische Mitglieder existieren bereits, wenn noch keine Instanz der Klasse erzeugt worden ist.

Wenn eine Klasse allerdings zu einer anderen Klasse lokal ist, sind auch ihre statische Mitglieder zu der Funktion lokal und können deshalb nicht vor Aufruf von **main()** initialisiert werden.

Wenn eine Elementfuntion als statisch deklariert wird, existiert sie nur einmal in der Klasse, was bedeutet, daß auf sie ohne Referenz auf ein bestimmtes Objekt ihrer Klasse zugegriffen werden kann. Da solch eine Funktion ohne spezielles Objekt aufgerufen werden kann, hat sie genauso wie eine **friend**-Funktion keinen **this**-Zeiger. Eine statische Elementfunktion kann aufgerufen werden zum einen, wenn auf nicht-statische Datenelemente zugegriffen wird, mit einer Spezifizierung des Objektes durch **.** oder **->**, zum anderen mit dem Operator **::** und dem Klassennamen, also ohne Instanz. Zum Beispiel:

```
class X {
  int nem;
public:
  static void funk();
};

X obj;
X::funk();          // korrekt wenn funk nur auf statischeElemente zugreift
obj.funk();         // korrekt in allen Fallen, auch wenn mit funk statische
                    // Elemente behandelt werden
```

Der Hauptzweck statischer Elemente ist es, Daten, die allen Objekten einer Klasse gemeinsam sind, aufzunehmen. Statische Elemente werden außerdem genutzt, um

- die Anzahl der sichtbaren globalen Namen zu reduzieren,
- den Zugriff auf ihre Namen zu steuern,
- offensichtlich zu machen, welches statische Objekt logisch zu welcher Klasse gehört.

7.2 Initialisierung von Klassen

Zwei spezielle Arten von Elementfunktionen, Konstruktoren und Destruktoren, spielen eine wichtige Rolle in C++.

Wir müssen etwas ausholen, um die Bedeutung dieser Funktionen zu verdeutlichen. Ein bekanntes Problem in den traditionellen Klassen ist die Initialisierung: einer Datenstruktur muß vor ihrer Verwendung Speicherplatz zugeordnet werden, und es muß eine Initialisierung erfolgen. Sehen wir uns die Initialisierung der unten beschriebenen Klasse an.

```
class date
{
 public:
  int tag;
  int mon;
  int jah;
};
```

Ein unerfahrener Programmierer wird vielleicht versuchen, den Elementen **tag**, **mon**, **jah** auf folgende Weise Initialwerte zuzuweisen:

```
date tDate;
tDate.tag = 10;
tDate.mon = 10;
tDate.jah = 1991;
```

Diese Initialisierung ist korrekt, jedoch nur für das spezielle Objekt **tDate** gültig. Wenn mehrere **date**-Objekte initialisiert werden müssen, benötigt man mehrere Zuweisungen, die im Grunde alle dasselbe ausführen. Der nächste logische Schritt ist die Entwicklung einer Initialisierungsfunktion, die diese Zuweisungen generalisiert und damit jedes **date**-Objekt behandelt, das als Argument übergeben wird:

```
void setdate(date *z, int ntag, int nmon) {
  z->tag = ntag;
  z->mon = nmon;
```

```
    z->jah = 1991;
}
```

Diese Funktion setzt einen Zeiger auf ein **date**-Objekt und verwendet ihn dazu, die gegebenen Werte den Klassenelementen zuzuweisen. Die Funktion **setdate** ist ganz spezifisch für die Klasse **date** angelegt. Es stellt sich die Frage, warum noch der Klassentyp und das Objekt, auf das sich **setdata** bezieht, angegeben werden muß. Die Antwort lautet: **setdate** ist keine Elementfunktion. Für das objektorientierte Programmieren ist eine Elementfunktion erforderlich, die alle Objekte einer Klasse (z.B. **date**) initialisieren kann. Und das genau ist eine der Aufgaben, die ein **Konstruktor** ausführt.

7.2.1 Konstruktoren

Ein Anliegen von C++ ist es, benutzerdefinierte Datentypen genauso als einen Bestandteil der Sprache zu behandeln wie die bereits in der Sprache vordefinierten Datentypen. Aus diesem Grund verfügt C++ über einen speziellen Typ von Elementfunktionen, den **Konstruktor**. Ein Konstruktor legt fest, wie ein neues Objekt einer Klasse angelegt wird, d.h. wie er Speicherplatz bekommt und initialisiert wird. Die Definition kann Code für die Speicherplatzbelegung, für die Zuweisung von Werten an Elemente, für die Konvertierung eines Typs in einen anderen etc. enthalten. Konstruktoren können vom Benutzer definiert werden, oder C++ erzeugt voreingestellte Konstruktoren (Standardkonstruktoren). Konstruktoren sind entweder explizit oder implizit. Der C++-Compiler ruft den entsprechenden Konstruktor auf, sobald ein neues Objekt der Klasse definiert wird. Dies kann in einer Datendeklaration erfolgen, wenn ein Objekt kopiert wird, oder durch die dynamische Speicherplatzbelegung eines neuen Objektes mit Hilfe des Operators **new** (siehe Abschnitt 7.2.2).

Folgende Version von **date** führt einen Konstruktor ein:

```
class date
{
  int tag;
  int mon;
  int jah;
  date(int ntag, int nmon);                  // deklariert den Konstruktor
};

date :: date(int ntag, int nmon)             // Definiert den Konstruktor
{
   tag = ntag;
   mon = nmon;
   jah = 1991;
};
```

date::date zeigt an, daß hier ein Konstruktor für die Klasse **date** definiert wird.

Im obigen Beispeil wird der Konstruktor außerhalb der Klassendefinition definiert. Konstruktoren dürfen aber auch innerhalb der Klasse als **inline**-Funktionen definiert werden. Folgendes soll beachtet werden: der Umfang des Quelltextes, der von einem Konstruktor erzeugt wird, ist nicht immer gleich dem sichtbaren Code in der Definition.

Der Name für den Konstruktor lautet immer wie der Name der Klasse und muß in ihrem öffentlichen Teil deklariert/definiert werden, sonst ergibt es keinen Sinn. Dadurch weiß der Compiler, daß es sich um einen Konstruktor handelt. Der Konstruktor kann wie jede andere Funktion auch Parameter haben, in unserem Fall **ntag** und **nmon**. Der Rumpf des Konstruktors setzt sich zusammen wie der Rumpf jeder Elementfunktion, also kann ein Konstruktor

Elementfunktionen seiner Klasse aufrufen oder auf alle Elementdaten zufreifen. Aber ein Konstruktor hat niemals einen **return**-Typ, auch nicht **void**. Hat eine Klasse einen Konstruktor, werden alle Instanzen der Klasse automatisch gemäß den Vorschrifften des Konstruktors initialisiert.

Wenn der Konstruktor Argumente verlangt, müssen diese angegeben werden:

```
date heute = date(11,11);
date weinachten(24,12);          // abgekürzte Form
date mein_hochzeitstag;          // falsch; Argumente notwendig
```

Diese Definitionen rufen den vorher definierten **date**-Konstruktor auf. Konstruktoren sind also Member von Klassen, die allerdings implizit, d.h. ohne ausdrückliche Verwendung des Punktoperators aufgerufen werden. Mögliche Übergabeparameter für einen Konstruktor können jeden Typ haben außer dem der Klasse, deren Element er ist. Der Konstruktor kann als Argument eine Referenz auf seine eigene Klasse als Parameter haben und wird dann **Kopier-Konstruktor** genannt. Für eine Klasse **Xclass** hat der **Kopier-Konstruktor** die Form:

```
Xclass::Xclass(const Xclass&);
```

und wird nur dann verwendet, wenn ein Objekt mit einem anderen Objekt seiner Klasse initialisiert wird.

Es dürfen durchaus mehrere Konstruktoren angeboten werden, die alle den gleichen Name tragen und einen unterschiedlichen Satz von Parametern haben. Die entsprechende Version wird automatisch gemäß der vorhandenen Argument-Liste aufgerufen, wie dies auch bei anderen überladenen Funktionen von C++ der Fall ist; der Compiler sorgt dann für die korrekte Behandlung. Dadurch ist die Erzeugung von Objekten möglich, die von den Initialisierungswerte abhängig sind:

```
class X
{
 int integer_teil;
 double double_teil;
public:
 X(int i) { integer_teil = i; }
 X(double d) { double_teil = d; }
};

main()
{
  X ein(10);        // ruft X::X(int i) auf und setzt integer_teil auf 10; oder
  X ein(3.14);      // ruft X::X(double d) auf und setzt double_teil auf 3.14
  ........
}
```

Durch die Verwendung von Konstruktoren entstehen automatische Objekte, die während des Programmablaufs bei ihrer Definition angelegt werden und beim Verlassen des Programmblockes, in dem die Definition steht, gelöscht. Die Speicherverwaltung wird hier vom System übernommen.

7.2.2 Andere Möglichkeiten zur Initialisierung von Klassen

Standard-Konstruktor

Ein Konstruktor, an den keine Parameter übergeben werden, heißt **Standard**-Konstruktor. Für das letzte Beispiel sieht der Standard-Konstruktor dann so aus: **X::X()**. Wenn kein benutzerdefinierter Konstruktor für eine Klasse existiert, dann erzeugt C++ einen **Standard**-Konstruktor. Bei einer Deklaration eines Objektes innerhalb einer Klasse erzeugt der **Standard**-Konstruktor das Objekt.

Voreingestellte Werte/Default-Werte

Wie schon bekannt, besitzt C++ die hilfreiche Eigenschaft, daß voreingestellte Werte für die Parameter einer Funktion festgelegt werden können. Dies gilt auch für Konstruktoren:

```
class date
{
 int monat, tag, jahr;
 public:
 date(int m = 0, int t = 0, int j = 0)
};

date::date(int m, int t, int j)
{
 tag    = t ? t   : heute.tag;
 monat = m ? m : heute.monat;
 jahr   = j ? j   : heute.jahr;
}

date heute(14,12,1990);        // Initialisierung mit dem Datum 14.12.1990
date morgen;                   // erlaubt wegen der Default-Parameter
```

Das Objekt **morgen** wird ohne Parameter kreiert. Dadurch werden die voreingestelleten Werte genommen, in diesem Fall also jeweils 0 für **monat**, **tag** und **jahr**. Die Implementierung des Konstruktors **data** verhindert jedoch die Existenz eines Datums 0.0.0 dadurch, daß in diesem Fall die Werte von **heute** genommen werden.

Es muß vermieden werden, daß bei der Verwendung dieser Art von Konstruktoren zweideutige Konstruktionen entstehen. Im folgenden Beispiel können der **Standard**-Konstruktor und der Konstruktor, dem ein ganzzahliger Wert übergeben wird, nicht klar auseinander gehalten werden:

```
class X
{
public:
 X();
 X(int i=0);
};

main()
{
 X ein(10);      // verwendet X::X(int)
 X zwei;         // nicht klar, ob X::X() oder X::X(int = 0) aufgerufen werden
                 // soll, da beim parameterlosen Konstruktoren müssen
                 // keine (leere) Klammer angegeben werden.
 .....
}
```

Initialisierung durch Zuweisung

Folgende Definition

```
date heute;
date den = heute;     // bewirkt memberweise Kopieren des Inhalts
                      // von heute nach den
```

ist identisch mit

```
den.tag  = heute.tag;
den.mon  = heute.mon;
den.jah  = heute.jah;
```

Das **memberweise** Kopieren kann in folgenden 3 Situationen vorgenommen werden:

- beim Initialisieren eines Klassenobjektes durch ein anderes (wie oben);

- Aufruf einer Funktion und Übergabe eines Klassenobjektes als aktueller Parameter, z.B.

```
f(date den);      // Deklation von f
f(heute); // Aufruf von f über den Wert
```

- bei Ergebnisrückgabe einer Funktion, z.B.

```
date f()
{
 date den;
 ........
 return den;
}
```

Das **memberweise** Kopieren kann aber zu Problemen führen. Insbesondere ist dies immer dann der Fall, wenn in der Klasse Zeiger auf weitere Datenstrukturen definiert werden und diese Daten dynamisch, z.B. im Konstruktor, auf dem allokiert werden. Wir definieren zuerst eine neue Klasse:

```
class buch {
  char *titel;
  char *autor;
  int seiten;
public:
  buch(int i = 0);            // Konstruktor
 ~buch();                     // Destruktor; wird im Abschnitt 7.3 erklärt
};
```

```
buch::buch(int s)
{
  titel = new char[40];
  autor = new char[40];
  seiten = s;
}

buch::~buch()
{
delete titel;
delete autor;
}
```

und starten ein kleines Programm:

```
main {
 buch b1(120);
 buch b2 = b1;                    // Initialisierung, keine Zuweisung
}
```

Damit wird allerdings nur ein Objekt vom Typ **buch** konstruiert (Speicherplatz reserviert); beim Verlassen des Blocks jedoch wird der Destruktor zweimal aufgerufen, da der Konstruktor auch zweimal mittels **new** Speicherplatz reserviert hat. In diesem Fall ist der Compiler irritiert, da er zweimal die gleiche Adresse frei machen muß.

Das dargestellte Problem kann durch implizite Definition eines speziellen Konstruktors der Form

```
X::X(const X&);              // X-Klasse
```

gelöst werden. Diese Art von Konstruktor kennen wir schon unter der Bezeichnung **Kopier**-Konstruktor. Unsere Klasse **buch** und der neue Konstruktor können dann so aussehen:

```
class buch
{
  char *titel;
  char *autor;
  int seiten;
public:
 buch(int i = 0);                    // Konstruktor
 buch(const buch&);                  // Kopier-Konstruktor
 ~buch();                            // Destruktor
};

buch::buch(int s)
{
  titel = new char[40];
  autor = new char[40];
  seiten = s;
}

buch::buch(const buch& b)
{
  titel = new char[40];
  autor = new char[40];
  strcpy(titel,b.titel);
  strcpy(autor,b.autor);
  seiten = b.seiten;
}

buch::~buch()                        // Definition des Destruktors
{
 delete titel;
 delete autor;
}
```

Der **Kopier**-Konstruktor hat als Parameter eine Referenz auf ein **buch** und erzeugt ein neues Objekt **buch** mit dem Parameter als Muster. Wenn kein Kopier-Konstruktor angegeben ist, erzeugt der Compiler einen Standard-Kopier-Konstruktor. Mit **new** wird der Speicherplatz für **titel** und **autor** angelegt und mit **strcpy** der übergebene Inhalt in die neuen Strings kopiert. Der Kopier-Konstruktor wird nur bei einer Initialisierung verwendet, da dann das Objekt **b2** noch nicht existiert. Bei einer Zuweisung wie unten ist ein Konstruktoraufruf nicht möglich. Folgendes Beispiel

```
buch b1(250);
b2 = b1;
```

wird später bei der Überladung von Operatoren (z.B. =) behandelt.

new

Durch Verwendung der Operatoren **new** und **delete** kann der Programmierer selber die Speicherverwaltung übernehmen. Dies ist vor allem bei großen Programmen mit einer Vielzahl von Objekten sinnvoll, die nicht gleichzeitig vorhanden sein müssen. Es ist kein Fehler, ein Objekt mit **new** anzulegen, aber es nicht mit **delete** zu löschen. Diese Operatoren funktionieren ähnlich wie die Standard-Library-Funktionen der Familien **malloc** und **free**. Vereinfacht lautet ihre Syntax folgendermaßen:

```
Name* NeuName = new Name [Name_Initialisierer];
delete NeuName;
```

wobei **Name** jeder Typ außer dem Funktionstyp sein kann (Zeiger auf Funktionen sind allerdings erlaubt); [....] bedeutet, daß der Name mit Initial-Werten aufgerufen werden kann (siehe auch S.124).

new versucht, ein Objekt des Typs **Name** anzulegen, indem es einen der Größe entsprechenden Speicherbereich im freien Speicher (dem Heap) belegt. Die Belegung dieses Speicherbereichs bleibt bestehen, bis **delete** den Speicher wieder freigibt oder das Programm beendet wird.

Wenn die Speicherbelegung erfolgreich war, gibt **new** einen Zeiger auf das neue Objekt, anderfalls einen Null-Zeiger zurück. Wie bei **malloc** muß vor der Benutzung des neuen Objekts dieser Zeiger auf Null getestet werden. Im Gegensatz zu **malloc** errechnet **new** selbst den nötigen Speicherplatzbedarf für das Objekt. Außerdem ist der zurückgegebene Zeiger **NeuName** vom korrekten Typ **Name***, ohne daß eine Wandlung (Konvertierung durch **cast**) erforderlich wäre.

Da **new** ein Schlüsselwort ist, wird kein Prototyp dafür benötigt.

```
date *heute = new date(11,11,1991);      // date kann jeder Typ außer
                                         // einer Funktion sein
......
 if (!(heute = new date)) { // new erzeugt einen Zeiger auf date, der
                            // heute zugewiesen wird. Dann wird heute auf
                            // != 0 getestet.
 errmsg("Nicht genug Speicher für date");
}.......
delete heute;              // löscht date und gibt sizeof(date) (3*2) Bytes frei
```

Initialisierung als statisches Objekt

Bei diesem Objekttyp kann zwischen globalen und lokalen statischen Objekten unterschieden werden, wobei die Konstruktoren der globalen statischen Objekten zuerst aufgerufen werden. Ansonsten werden statische Objekte vom Compiler wie statische Variablen in C behandelt. Es ist im Sprachstandard nicht festgelegt, ob lokale statische Variablen auch dann angelegt werden, wenn die Funktion, in der sie deklariert sind, gar nicht aufgerufen wird.

```
static date morgen(11,11,1991);       // globales statisches Objekt

void plan()
{
 static date morgen(11,11,1991);      // lokales statisches Objekt
 .........
}
```

Es ist nicht erlaubt, variable Werte (z.B. Funktionsparameter) an die Konstruktorfunktion eines statischen Objektes zu übergeben. Dies gilt nicht für nicht statische Instanzen dieser Klasse:

```
void plan(t,m,j)
{
 static date morgen(t,m,j);                 // nicht erlaubt
 ........
}
```

7.3 Löschen von Klassenobjekten

Wie wir gesehen haben, gibt es verschiedene Möglichkeiten, Klassenobjekte zu erzeugen: per Konstruktor, per Zuweisung, per **new** und als statisches Objekt. Unabhängig davon, wie solche Objekte kreiert werden, belegen sie natürlich Speicherplatz. Da dieser in der Regel begrenzt ist, muß es auch Möglichkeiten geben, die Objekte zu löschen um den Speicherplatz zurückzugewinnen.

Wenn ein Objekt mittels **new** erzeugt wird, dann muß der

belegte Speicherplatz explizit mit Hilfe der **delete**-Funktion wieder freigegeben werden. Wurde ein Konstruktor für die Erzeugung des Objekts gewählt, so benutzt man für das Freigeben des Speicherplatzes eine inverse Operation, den **Destruktor**, um ein sauberes Löschen solcher Objekte zu gewährleisten. Der Name für den Destruktor einer Klasse **date** ist **~date** (das Komplement des Konstruktors). Der Destruktor wird genauso wie ein Konstruktor als Member der Klasse deklariert und automatisch aufgerufen. Mehrere Destruktoren werden in der umgekehrten Reihenfolge der zugehörigen Konstruktoren aufgerufen.

Dazu als Beispiel eine Klasse, die einen Stack von Zeichen realisiert:

```
class z_stack
{
 int groesse;
 char *top;
 char *stack;
 public:
 z_stack(int s)                              // Konstruktor
  {
   top = stack = new char[groesse = s];      // Initialisierung mittels new
  }

 ~z_stack()                                  // Destruktor
  {
   delete stack;
  }

 void push(char c) { *top ++= c;}            // push
 char pop() { return *--top;}                // pop
};
```

Hier sind der Konstruktor und der Destruktor mittels **new** und **delete** realisiert worden. Verliert ein Objekt vom Typ **zeichen_stack** seine Gültigkeit, so wird der Destruktor automatisch aufgerufen, d.h. ohne expliziten Aufruf:

```
void funk()
{
 z_stack zeichen_stack1(150);
 z_stack zeichen_stack2(250);
 zeichen_stack1.push('L');
 zeichen_stack2.push(zeichen_stack1.pop());
 char ch = zeichen_stack2.pop();
 cout <<c h(ch) << "\n";
}
```

Bei der Benutzung von **funk** wird der Konstruktor **z_stack** zweimal aufgerufen: einmal für **zeichen_stack1**, um einen Vektor von 150 Zeichen zu erzeugen, und einmal für **zeichen_stack2** zur Erzeugung eines zweiten Vektors mit 250 Zeichen. Wird **funk** verlassen, werden beide Vektoren wieder automatisch gelöscht. Verliert ein Klassenobjekt durch Verlassen eines Blocks seine Gültigkeit, dann wird der Destruktor aufgerufen, sofern er implementiert wurde. Wird dagegen ein Zeiger ungültig, der auf ein solches Objekt zeigt, so wird der Destruktor nicht aufgerufen. Dies ist verständlich, denn ansonsten würde z.B. die Parameterübergabe von Zeigern per **call by value** unerwartete Effekte auslösen.

```
f(z_stack *z)
{    }              // z verliert nach Abarbeitung seine Gültigkeit, aber der
                    // Destruktor des Objektes, der auf z zeigt, wird
                    // nicht aufgerufen.
```

Wenn für das Objekt, auf welches der Zeiger zeigt, den Destruktor aufrufen will, dann ist ein explizites Löschen des Objektes durch

```
delete z;
```

notwendig. Bei globalen Variablen werden Destruktoren als Teil der Exit-Prozedur nach **main** aufgerufen.

Ein expliziter Aufruf des Destruktors ist sehr selten notwendig. Ein Beispiel dafür wäre, wenn der Programmierer ein Klassenobjekt zwar löschen, den dafür reservierten Speicherplatz aber wieder mittels **new** belegen will.

```
int laenge = 250;
char *zei_stack = new char[sizeof(z_stack)];

z_stack *zei = new (zei_stack) z_stack(laenge);
zei->z_stack::~z_stack();                    // expliziter Destruktoraufruf

zei = new (zei_stack) z_stack(laenge);
    // Es wird ein neues Objekt kreiert, welches dieselbe Größe besitzt
    // wie das vorhergehende Objekt. Ferner wird das Objekt am gleichen
    // Speicherplatz abgelegt
```

Der explizite Destruktoraufruf erfordert syntaktisch zusätzlich die Angabe des Gültigkeitsbereichs (also **z_stack::~z_stack**). Dadurch unterscheidet sich der Aufruf des Destruktors vom Aufruf anderer Member-Funktionen.

Konstruktoren und besonders Destruktoren müssen mit gewisser Vorsicht verwendet werden, wie das nächste Beispiel zeigt:

```
void loes() {
  z_stack zeichen_stack1(100);
  z_stack zeichen_stack2 = zeichen_stack1;          // Vorsicht
  z_stack zeichen_stack3(100);
  zeichen_stack3 = zeichen_stack2;
}
```

Der Konstruktor wird zweimal aufgerufen, nämlich für **zeichen_stack1** und **zeichen_stack3**; **zeichen_stack2** wird per Zuweisung, also durch memberweises Kopieren, initialisiert. Der Destruktor wird jedoch für **zeichen_stack1**, **zeichen_stack2** und **zeichen_stack3** aufgerufen. Daraus folgt, daß dreimal **delete** aufgerufen wird, jedoch nur zweimal **new**. Der Effekt der Anwendung von **delete** auf ein Objekt, welches nicht mittels **new** erzeugt wurde, ist jedoch undefiniert, d.h. unvorhersehbare Fehler sind nicht ausgeschlossen. Das ist nur ein kleines Beispiel für die versteckten Probleme bei der Verwendung von Konstruktoren und Destruktoren; es können durchaus fatale Fehler auftreten.

Da Destruktoren keine Parameter besitzen dürfen, können sie nicht überladan werden, denn der Compiler könnte sie nicht unterscheiden.

7.4 Friends

Bis jetzt wurde mehrmals gezeigt, wie wichtig und nützlich es ist, daß auf die Interna einer Klasse nur über ihre Member-Funktionen zugegriffen werden kann. In manchen Situationen ist es aber nicht möglich oder sehr schwer, ein Problem durch völlig voneinander unabhängige Klassen programmtechnisch in den Griff zu bekommen. Es ist wünschenswert, wenn es ausgewählte Funktionen gibt, die keine Member-Funktionen sind, jedoch ebenfalls Zugriff auf private oder geschützte Elemente der Klasse haben, um Interaktionen zwischen Objekten unterschiedlicher Klassen zu ermöglichen. Eine mögliche Lösung des Problems besteht darin, die entsprechenden Elemente als **public** zu deklarieren. Dies sollte nur dann geschehen, wenn der Anwender tatsächlich auf die Daten zugreifen soll.

C++ bietet eine andere Lösung an: das Schlüsselwort

friend. Ein **friend F** der Klasse **X** ist eine Funktion oder Klasse, die - obwohl kein Element von **X** - volle Zugriffsrechte auf die **private**- und **protected**-Elemente von **X** hat. d.h. sie ist von der Klasse dazu autorisiert **private** Elemente der Klasse zu manipulieren. In Bezug auf Gültigkeitsbereich, Deklaration und Definition wird **F** wie eine normale Funktion behandelt. Die **friend**-Funktionen sind keine Mitglieder der Klasse, können jedoch Member-Funktionen einer fremden Klasse sein. Deshalb liegt **F** nicht im Geltungsbereich von **X** und kann nicht mit dem Selektionsoperator **.F** oder **->F** aufgerufen werden. Wenn der Spezifizierer **friend** in einer Funktionsdeklaration oder -definition innerhalb der Klasse verwendet wird, wird die Funktion ein **friend** von **X. friend**-Funktionen werden weder durch ihre Stellung innerhalb der Klasse noch durch irgendwelche Zugriffsspezifizierer beeinflußt. Dazu ein Beispiel:

```
class X {
 int i;
 friend void F(X*, int);              // F ist nicht private, obwohl im
                                      // privaten Teil deklariert
public:
 void nF(int);
};

void F(X* ptr, int a) {ptr->i = a;}   // beide Funktionen greifen auf die
void X::nF(int a) { i = a; }          // private Variable I zu

main()
{
  X obj;
  F(&obj, 6);                         // unterschiedliche Aufrufe obj.nF(6);
}
```

Es ist auch möglich, eine fremde Klasse **Y** insgesamt als **friend** einer Klasse **X** zu erklären. Dadurch können mit nur einer einzigen Deklaration alle Funktionen einer Klasse **Y** (**f1** .. **fn**) zu **friends** der Klasse **X** gemacht werden, obwohl sie keinen **friend**-Spezifizierer haben. Zum Beispiel:

```
class Y {
  ........
  public:
  void f1();
  void f2();
  .....
  void fn();
};

class X {
  friend Y;
  int i;
 public:
  void nf();
};
```

Es ist außerdem möglich, daß nur eine einzige Funktion **f1** der Klasse **Y** **friend** der Klasse **X** wird. Zum Beispiel:

```
class X {
  friend void Y::f1();
  int i;
 public:
  void nf();
};
```

In beiden Fällen behält die Klasse selbst die Kontrolle darüber, wer auf ihre privaten Elemente zugreifen kann. Das Umgehen der Zugriffsbeschränkungen entspricht zwar nicht dem Paradigma des objektorientierten Programmierens, doch gibt es einige gute Gründe, dies zuzulassen.

Eine häufige Verwendung von **friend**-Funktionen findet man beim Überladen von Operatoren (siehe Kapitel 10.)

7.5 Member-Objekte

Eine Klasse kann Objekte anderer Klassen als Datenelemente enthalten. Diese Klassenelemente werden dann Member-Objekte genannt. Wenn sie als öffentlich deklariert sind, erfolgt der Zugriff auf sie je nachdem mittels des Zugriffs-Operator **.** oder **->**. Probleme bereitet in diesem Fall jedoch die korrekte Anwendung von Konstruktoren, deshalb wird diese Problematik auf den folgenden Seiten näher erläutert.

7.5.1 Konstruktoren/Destruktoren für Member-Objekte

Beginnen wir die Betrachtung dieser Problematik mit dem Beispiel der Klasse **linie**, die als Datenelemente die Objekte **start** und **ende** der Klasse **koord** besitzt. Objekte vom Typ **koord** seien im weiteren immer als Member-Objekte, Objekte des Typs **linie** als umfassende Objekte bezeichnet. Beide Klassen besitzen jeweils einen Konstruktor und einen Destruktor. Wird nun eine Instanz von **linie** erzeugt, so wird automatisch Speicherplatz für **start** und **ende** angelegt, d.h. für eine Instanz von **linie** werden zwei Instanzen von **koord** erzeugt. Die Frage ist nun, wie man diese für den Konstruktor von **koord** notwendigen Parameter dem Konstruktor von **linie** bekannt macht. Dies wird durch das zusätzliche Sprachmittel **:** realisiert. In der Konstruktorfunktion der Klasse **linie** müssen deshalb hinter dem Doppelpunkt die Parameterwerte für die Konstruktorfunktion von **koord** übergeben werden. Zum Beispiel:

```
class koord
{
 int xwert;
 int ywert;
public:
 koord(int x, int y) { xwert = x; ywert = y);
 .........
}

class linie
{
 int farbe;
 koord start;          // Member-Objekte werden nie mit Argumentenliste
 koord ende;           // deklariert (Unterschied zu normalen Elemente !).
public:
 line(int farbe, int startx, int starty, int endex, int endey)
  :start(startx,starty), ende(endex,endey)
{
   ..............
}
......
};
```

Die Argumente für den Konstruktor des Member-Objektes (kurz Member-Konstruktor genannt) werden in der Definition und nicht in der Deklaration des Konstruktors der umfassenden Klasse spezifiziert. Der Member-Konstruktor wird dann vor dem Konstruktor der Klasse aufgerufen, die dieses Member enthält und die Argumente für die Member-Klasse spezifiziert. Syntaktisch erfolgt die Angabe der Parameter für den Member-Konstruktor im Kopf der Konstruktor-Definition der umfassenden Klasse. Nach Angabe des Konstruktornamens und des Doppelpunkts folgen die

Namen der Member-Konstruktoren mit Argumentenliste. Wenn eine Klasse zwei oder mehrere andere Klassen als Member hat, so müssen deren Konstruktoren durch Kommata getrennt werden. Die Argumentenliste der Member-Konstruktoren kann feste Werte oder Variablen enthalten. Zum Beispiel:

```
linie(int farbe)
 :start(10,10), ende(60,60)          // feste Werte für die Koordinaten
 { ........ }
```

oder

```
linie(int farbe)
  :start(startx,starty), ende(endex,endey)
   { ........ }
```

oder auch

```
linie(int farbe, int startx, int starty, int endex, int endey)
  :start(startx,starty), ende(endex,endey)
   { ........ }
```

Die Argumentenliste des Konstruktors der umfassenden Klasse darf Argumente der Argumentenliste der Member-Konstruktoren enthalten. Die Reihenfolge, in der diese aufgerufen werden, richtet sich nach der Reihenfolge der Deklarationen in der umfassende Klasse.

Benötigt ein Konstruktor einer Member-Klasse keine Parameter, kann die Angabe nach dem Doppelpunkt für diese Member-Klasse entfallen. So wird beispielsweise für den letzten Punkt eines Polygones kein Member-Konstruktor vorgesehen, da dieser Punkt identisch mit dem ersten ist:

```
class polygon {
 koord start;
```

```
  koord ende1;
  koord ende2;
  .......
public:
  polygon(farbe);
}

polygon::polygon(farbe)
  : start(startx,starty), ende1(endex,endey), ende2(endex,endey)..
{
........
}
```

Vektorelemente bezeichnet man ebenfalls als Member-Objekte, wenn sie als private Daten einer Klasse verwendet werden. Dabei ist zu beachten, daß sowohl Konstruktoren als auch Destruktoren Vektoren verarbeiten können. Als Beispiel nehmen wir dazu die Klasse **feld**, die als Instanzvariable ein Feld variabler Länge enthält.

```
class feld {
  int laenge;
  double f[laenge];
public:
  feld (int l) { laenge = l; }
  ~feld() { delete [laenge] f; }
  ....
};
```

Wenn eine Instanz der Klasse **feld** angelegt wird, dann muß der Parameter für die Vektorlänge **laenge** in runden Klammern angegeben werden.

```
feld ff(35);
```

Wenn es beispielsweise vom Programmablauf her nötig ist,

einen Vektor **ff1** von Instanzen der Klasse **feld** zu definieren, dann muß die Konstruktorfunktion für **feld** dahingehend geändert werden, daß eine parameterlose Konstruktorfunktion existiert. Anweisungen wie

```
feld ff[10](35);
feld ff(35)[10];
```

sind daher nicht erlaubt.

Der Destruktor muß ebenfalls jedes Vektorelement einzeln löschen. Der Vektor kann also nicht als ganzes beseitigen werden.

Während zuerst die Member-Konstruktoren und dann die Konstruktoren der umfassenden Klasse aufgerufen werden, verhält sich dies bei Destruktoren genau umgekehrt. Wird ein Klassenobjekt der umfassenden Klasse zerstört (gelöscht), werden zuerst der Destruktor dieser Klasse und erst danach die Destruktoren der Member-Klassen ausgeführt, und zwar in der umgekehrten Reihenfolge der Deklaration der Member in der umfassenden Klasse.

7.6 Vektoren von Klassen

Ebenso wie es möglich ist, Vektoren von Standarddatentypen zu erzeugen, können Vektoren von Klassen definiert werden. Wenn beispielsweise **elem** eine Klasse mit einer Methode **ausgeben** ist, dann können zwei Vektoren **vek1** und **vek2** jeweils mit 10 Elementen vom Typ **elem** und ein Vektor **vek3** von 10 Zeigern auf Klassenobjekte vom Typ **elem** definiert werden:

```
class elem {
.....
```

```
public:
elem(..., int i);
....
void ausgeben();
};

const groesse = 10;
elem vek1[groesse];
elem vek2[10];
elem *vek3[groesse];    // identisch mit elem *vek3 = new elem [groesse];
```

Allerdings werden die Klassenobjekte eines Vektors mit Hilfe der definierten Klassenkonstruktoren in derselben Art und Weise initialisiert, wie es bei den einzelnen Klassenobjekten der Fall ist. Die obige Definition ist nur dann korrekt, wenn der Konstruktor für **elem** keine Argumente verlangt. Die Argumente für den Konstruktor werden in einer Liste in geschweiften Klammern durch Kommata voneinander getrennt angegeben:

```
elem vek1[ ]   = {elem(.., 1), elem(.., 2), ...    , elem(.., 10)};
elem vek2[10]  = {elem(.., 1), elem(.., 2), ...    , elem(.., 10)};
```

Will man einen Vektor von Klassen löschen, dann muß die Größe des Vektors angegeben werden, damit der Destruktor für alle Elemente des Vektors aufgerufen wird. Zum Beispiel:

```
delete [ ] vek1;     //erlaubt, wenn die Größe nicht explizit angegeben
                     // werden muß
delete [10] vek2;    // o.k.
delete vek1;         // löscht nur das erste Element vek1[0]
```

Auf die einzelnen Vektorelemente kann man mit Hilfe des Indexoperators zugreifen, wie dies bei den Standarddatentypen üblich ist. Die Klassenelemente eines bestimmten Vektorelements werden zugänglich durch einen Auswahloperator (. oder ->) nach dem Indexoperator. Zum Beispiel:

```
while ( i < groesse )
    vek1[i].ausgeben;
```

7.7 Andere class-ähnliche Konstrukte

Neben Klassen kennt C++ weitere Datenstrukturen, die auf ähnliche Weise deklariert werden, und zwar **struct** (Struktur), ein üblicher strukturieter Datentyp und **union** (Variante), eine speichersparende Version von **struct**. Beide sind auch Bestandteil von C und wurden entworfen, um mehrere Daten, die im Unterschied zu Vektoren Elemente unterschiedlichen Typs enthalten, zusammenzufassen und als Einheit behandeln zu können. Die Strukturen und Varianten in C++ bieten aber mehr als ihre C-Entsprechungen: Sie können Funktionsdeklarationen und -definitionen sowie Datenelemente aufnehmen.

Einer der Hauptunterschiede zwischen C++-Klassen, hier sind auch **struct** und **union** gemeint, und C-Strukturen betrifft die Zugriffsmöglichkeit auf Elemente. Mit C++ kann man den Zugriff auf die **struct**- und **class**-Elemente (Funktionen oder Daten) kontrollieren, indem man einzelne Elemente als **public**, **private** oder **protected** deklariert.

7.7.1 Structures

Zur Repräsentation reeller Objekte werden oft Datentypen benötigt, die aus Elementen verschiedenen Typs zusammengesetzt sind. Ein solcher Datentyp ist die Structure, eine Kollektion einer oder mehrerer Variablen möglicherweise verschiedenen Typs, die unter einem einzigen Namen zusammengruppiert werden. Die Structure ist eine

Alternative zur Klasse. In einer mit dem Schlüsselwort **struct** definierten Klasse sind alle Elemente (Member) per Voreinstellung **public**. Das kann aber geändert werden. Eine **struct** läßt sich also durch eine **class**-Deklaration erreichen, die mit **public** beginnt. Zum Beispiel:

```
class X {
public:
....
};
```

ist identisch mit

```
struct X {
........
};
```

C++ akzeptiert aus Kompatibilitätsgründen alle **struct**-Deklarationen, die auch in C erlaubt sind. Zusätzlich dürfen **structs** in C++ auch Elementfunktionen, Konstruktoren und Destruktoren besitzen. Das folgende Beispiel demonstriert, daß sich eine **struct** in C++ als 'Klasse ohne private Elemente' auffassen läßt:

```
class CL {
  int i, j, k;
  public:
   CL(int init = 0) { i = j = k = init;}
};

struct ST {
  int i, j, k;        // Kein public nötig. Alle Elemente sind öffentlich
  ST(int init = 0) { i = j = k = init;}
};
```

```
main()
{
 CL A(10);
 ST B(11);
 B.i = 44;
 A.i = 44;                    // Fehler, I ist in CL nicht öffentlich
}
```

7.7.2 Union

Unions sind wiederum Spezialfälle von **struct** und werden verwendet, um Speicherplatz zu sparen. Eine Union (Variante) ist definiert als eine Struktur, in der jeder Member dieselbe Adresse besitzt. Der zum Speichern einer Union benötigte Platz ist so groß wie das größte Datenelement. Die Elemente einer mit **union** definierten Klasse sind ebenfalls **public**, die Einstellung kann aber im Unterschied zur **struct**-Klasse nicht geändert werden. Elementfunktionen sowie Konstruktoren und Destruktoren können auch in einer Union definiert werden.

Wenn man weiß, daß zu jedem Zeitpunkt genau nur ein Member einer Union einen verwendbaren Wert besitzt, kann eine Union sehr viel Platz sparen; Unions sind vergleichbar mit varianten **Records** in Pascal:

```
union gemeinsam {
 char* c;
 char k[8][8];
 int i;
 double d;
 float f;
 void funk();
};
```

Objekte vom Typ **gemeinsam** können beliebig weiterverwendet werden, so u.a. als Member einer Klasse vom Typ **struct** oder **class**. Eine Union kann weder ein statisches Datenelement noch ein Element, dessen Klasse entweder einen Konstruktor oder einen Destruktor definiert, als Objekt enthalten.

Wenn Unions in Spezialfällen auch nützlich sein können, so sind sie doch mit Vorsicht zu gebrauchen. So ist etwa eine Typenüberprüfung während der Übersetzung nicht möglich, da der Compiler nicht wissen kann, welches Member zu einer bestimmten Zeit benutzt wird.

8 Abgeleitete Klassen

Das Konzept der Klassen in C++ ist sicherlich sehr nützlich. Manchmal ist es in einem Programm aber notwendig, verschiedene Klassen zu benutzen, die nur zum Teil Gemeinsamkeiten haben. In so einem Fall wäre die Verwendung von "normalen" Klassen (Basisklassen) nicht sehr elegant und würde das Implementieren von speziellem oder zusätzlichem Code notwendig machen. Es wäre sinnvoller, eine gemeinsame grundlegende Klasse zu definieren und die anderen Klassen als eine Spezialisierung, Modifikation oder Erweiterung daraus abzuleiten. Das traditionelle Beispiel eines Angestellten soll dies verdeutlichen. Die Daten eines Angestellten können durch folgende Datenstruktur beschrieben werden:

```
class angestellte
{
  char        *name;
  cha         geschlecht;
  short       augenfarbe;
  short       abteilung;
  int         gehalt;
  angestellte *naechster;
};
```

Der Zeiger **naechster** bildet eine Verbindung in einer Liste von Angestellten. Im folgenden wollen wir eine Klasse **leiter** definieren:

```
class leiter
{
 angestellte ange;
 angestellte *gruppe;
};
```

Ein Leiter ist auch ein Angestellter der Firma, seine Angestelltendaten werden in dem Member **ange** des **leiter**-Objekts gespeichert. Anderseits verwaltet ein Leiter eine Gruppe von Leuten, alles Angestellte der Firma, deshalb auch der Verweis auf **angestellte**. Ein **leiter**-Objekt in eine Liste von Objekten vom Typ **angestellte** zu hängen, ist aber (ohne speziellen Code) nicht möglich, da die Objekte verschiedenen Typs sind. Ein Zeiger auf einen Angestellten (**angestellte ***) ist kein Zeiger auf einen Leiter (**leiter ***), also kann man nicht einfach den einen verwenden, wenn der andere gebraucht wird. Ein Ausweg wäre es, den Leiter als Angestellten mit zusätzlichen Eigenschaften zu definieren:

```
class leiter: angestellte { angestellte* gruppe}
```

Man bezeichnet die **leiter**-Klasse als abgeleitet von der **angestellte**-Klasse oder **angestellte** als eine Basisklasse für die Klasse **leiter**. Die Klasse **leiter** hat alle Member der Klasse **angestellte (name, geschlecht** usw.) und zusätzlich das Member **gruppe**. Mit dieser Definition kann man eine Liste von Angestellten erzeugen, von denen einige Leiter sind:

```
void firma()
{
 leiter          leit1, leit2;
 angestellte     ang1, ang2;
 angestellte     *ang_liste;
 ang_liste       = &leit1;
 leit1.nächster  = &ang1;
 ang1.nächster   = &ang2;
 ang2.nächster   = 0;
}
```

Ein Leiter ist auf jeden Fall auch ein Angestellter, also ist es sinnvoll, daß ein Verweis auf die abgeleitete Klasse **lei-**

ter (leiter*) implizit (d.h. ohne explizite Typkonvertierung) als ein Verweis auf die Basisklasse **angestellte** (**angestellte***) verwendet werden kann. Ein Angestellter ist aber nicht notwendigerweise ein Leiter, deshalb kann mittels **angestellte*** ohne explizite Typkonvertierung nicht auf die zugänglichen Informationen eines **leiter**-Objektes zugegriffen werden (siehe Umwandlungen bei Ableitungen). Basisklasse und abgeleitete Klasse stehen in einer "enthalten-sein-Beziehung" zueinander. Die abgeleitete Klasse enthält die Basisklasse oder anders ausgedrückt: **die abgeleitete Klasse ist eine Oberklasse der Basisklasse.** Man kann diese Beziehung grafisch in Form von zwei ineinander geschachtelten Kästen darstellen. In dem innersten Kasten befindet sich das Objekt vom Typ **angestellte** (Basisklasse) mit seinen speziellen Daten. In dem äußeren, den inneren umfassenden Kasten, befindet sich das Objekt vom Typ **leiter** (abgeleitete Klasse) mit seinen zusätzlichen Informationen.

Folgende Abbildung veranschaulicht die Relation zwischen Basisklasse und abgeleiteter Klasse.

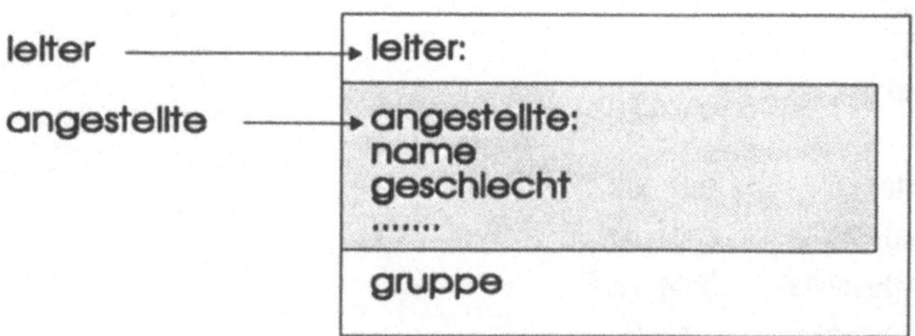

Das Konzept der abgeleiteten Klassen bietet also eine einfache, flexible und effiziente Möglichkeit, eine Klasse lediglich durch das Hinzufügen von Eigenschaften oder Verhaltensweisen zu einer bereits existierenden Klasse zu definieren. Bei einem Objekt einer abgeleiteten Klasse kann es sich um eine Spezialisierung, eine Erweiterung oder Modifikation des Objektes der Basisklasse handeln, abhängig davon, welche Eigenschaften und Verhaltensweisen hinzugefügt sind. Wenn wir beispielsweise für eine Problemlösung die Basisklasse **Gebäude** mit Eigenschaften wie **Türen**, **Fenster** und **Innenräume** definieren, dann ist die abgeleitete Klasse **Bürogebäude** eine Spezialisierung der Basisklasse durch hinzufügen der Eigenschaft **Büroräume**, Warenhaus ist eine Erweiterung durch die Eigenschaft **Verkaufsräume** und **Hochhaus** ist eine Modifikation der Basisklasse **Gebäude** durch die Eigenschaft **Stockwerke**.

Eine abgeleitete Klasse kann ihrerseits wieder die Basisklasse für daraus abzuleitende Klassen darstellen. Mit Hilfe von abgeleiteten Klassen kann man auch eine gemeinsame Schnittstelle für mehrere verschiedene Klassen anbieten, so daß Objekte dieser Klassen durch andere Programmteile identisch manipuliert werden können.

In diesem Kapitel werden für die abgeleiteten Klassen folgende Schwerpunkte aufgezeigt und diskutiert:

- Definition einer abgeleiteten Klasse,
- Sichtbarkeit und Steuerung des Zugriffs
- Konstruktoren/Destruktoren für abgeleitete Klassen
- einfache und mehrfache Vererbung

8.1 Definition von abgeleiteten Klassen

Die Definition einer abgeleiteten Klasse erinnert an die Definition einer Basisklasse und unterscheidet sich von ihr lediglich dadurch, daß unmittelbar nach dem Klassennamen einer der folgenden Texte auftritt, in denen **Basis** der Name der Basisklasse ist:

: Basis
: public Basis

Aus der Definition folgt, daß zu den Elementen (Daten und Funktionen) eines Objektes einer abgeleiteten Klasse alle Komponenten der Basisklasse sowie alle in der Deklaration der abgeleiteten Klasse aufgeführten Elemente gehören. Folgende Ausführungen behandeln, wenn nichts anderes gesagt wird, grundsätzlich Klassen (Basis und abgeleitete) vom Typ **class**.

Eine abgeleitete Klasse, in deren Deklaration das Schlüsselwort **public** nicht vorkommt oder das Schlüsselwort **private** auftritt, wird als abgeleitete Klasse mit privater Basisklasse bezeichnet. Eine abgeleitete Klasse, in deren Deklaration das Schlüsselwort **public** auftritt, wird dagegen als abgeleitete Klasse mit öffentlicher Basisklasse bezeichnet. Es ist jedoch - aufgrund möglicher Fehlinterpretationen - besserer Programmierstil, das Schlüsselwort **private** auch dann anzugeben, wenn es syntaktisch überflüssig ist.

Ob die Basisklasse privat oder öffentlich ist, hat in der abgeleiteten Klasse Einfluß auf die Behandlungsweise der öffentlichen Elemente der Basisklasse. Mit dem Schlüsselwort **public** bei der Ableitung werden die öffentlichen Elemente der Basisklasse sozusagen veröffentlicht und in der abgeleiteten Klasse als öffentlich betrachtet, sonst werden die Elemente der Basisklasse privatisiert und gelten für die abgeleitete Klasse als privat. Insbesondere, wenn eine bestimmte Klasse **A** eine private Basisklasse der Klasse **B** ist und die Klasse **C** von **B** öffentlich abgeleitet wird, sind in der abgeleiteten Klasse **C** kein Element der Klasse **A**, aber alle öffentliche Elemente von **B** verfügbar.

Außer mit dem Schlüsselwort **public** können Elemente der Basisklasse für die abgeleitete Klasse auf zwei zusätzlichen Arten öffentlich gemacht werden:

- durch das Ändern der Art der abgeleiteten Klasse von **class** in **struct,** z.B:

```
struct B: A { ............ };   // Zugriff-Spezifizierer bei abgeleiteten
                                // struct-Klassen ist per Voreinstelung public
```

was äquivalent ist zu folgender Formulierung:

```
class B: public A { public:........ };        // A ist vom Typ class
```

- durch das Einführen von öffentlichen Deklarationen der Form

```
A::Id;
```

im öffentlichen Teil der abgeleiteten Klasse, in denen **A** der Name der Basisklasse und **Id** der Name eines ausgewählten Elementes, auch eines privaten dieser Klasse ist.

Die Namen der Elemente der abgeleiteten Klassen können sich mit den Namen der Elemente der Basisklasse decken. In diesem Fall verdecken die Namen der Elemente der abgeleiteten Klasse die Namen der Elemente der Basisklasse, ähnlich wie eine lokale Variable eine globale Variable mit dem gleichen Namen verdeckt. Dies kann man umgehen, indem man Operatoren des Existenzbereichs benutzt, die im Kontext

```
A::
```

verwendet werden, in dem **A** der Name einer Klasse ist.

Da eine abgeleitete Klasse selbst als Basisklasse verwendet werden kann, gilt bei ihrer Definition im übrigen alles, was über die "normalen" Basisklassen bereits ausgeführt wurde.

8.2 Sichtbarkeit und Steuerung des Zugriffs

Wenn wir die Definition von Klassen in Erinnerung rufen, tauchen einigen Fragen auf:

- Welche Member der Basisklasse kann eine Funktion der abgeleiteten Klasse verwenden?
- wie kann eine Member-Funktion einer abgeleiteten Klasse private Member ihrer Basisklasse verwenden?
- welche Member kann eine **friend**-Funktion der Basisklasse/abgeleiteten Klasse verwenden?

Wenn wir von folgender Definition einer **leiter::aus**-Fuktion ausgehen,

```
void leiter::aus()
 {
  cout << "Name ist" << name << "\n";
 }
```

dann kann zu den obigen Fragen folgendes gesagt werden:

Die Funktion **leiter::aus** wird nicht korrekt kompiliert, da ein Member einer abgeleiteten Klasse keinen Zugriff auf die privaten Teile seiner Basisklasse hat. Auf **name** kann also nicht zugegriffen werden, denn **name** ist im privaten Teil der Basisklasse **angestellte** deklariert. Eine Member-Funktion einer abgeleiteten Klasse kann also nur öffentlich und geschutzt deklarierte Elemente ihrer Basisklasse ohne Einschränkungen - ohne Spezifikation des Objekts - benutzen.

Dies ist auch logisch, denn andernfalls könnte das Konzept des Information-Hiding mit Leichtigkeit von einem Programmierer umgegangen werden, indem er einfach eine neue Klasse von der Basisklasse ableitet, mit deren Hilfe er dann Zugriff auf private Teile der Basisklasse hätte. Mit **friend**-Funktionen kann man den Zugriff auf private Elemente allerdings wieder explizit erlauben:

```
class angestellte { friend void leiter::aus(); }
```

Dann wäre der **leiter**-Funktion **aus** den Zugriff auf private Member der Klasse **angestellte** gestattet.

Mit der Anweisung

```
class angestellte { friend class leiter; };
```

kann jedes Member der Klasse **angestellte** zugänglich für jede Funktion der Klasse **leiter** gemacht werden, darunter auch **aus**. Dies gilt aber nicht automatisch für bereits spezifizierte **friends** der Klasse **leiter**. **Friends** einer Basisklasse haben auch Zugriff auf vererbte Elemente, nicht aber auf neue, von abgeleiteten Klassen.

Eine alternative und oft sogar klarere Möglichkeit ist:

```
void leiter::aus()
{
  angestellte::aus;     // Drucke Angestellte-Informationen
  .....                 // Drucke Leiter-Informationen
};
```

d.h. die **aus**-Funktion von **leiter** benutzt die als öffentlich deklarierte Funktion **aus** der Klasse **angestellte**. Das Symbol :: ist notwendig, da **aus** in **leiter** selbst neu definiert wurde und andernfalls eine rekursive Definition bekäme.

Durch

```
class leiter: public angestellte { .... };
```

wird ein öffentliches Member der Klasse **angestellte** auch ein öffentliches Member der Klasse **leiter**. **angestellte** ist damit eine öffentliche Basisklasse. Alternativ dazu kann man eine private Basisklasse definieren mit

```
class leiter: angestellte { ... }
```

d.h. ein öffentliches Member der Klasse **angestellte** ist ein privates Member in **leiter**, mit allen oben erwähnten Konsequenzen.

Wir sehen uns noch einmal die Vererbung und die Steuerung des Zugriffs in C++ an, bevor wir die anderen Merkmale der abgeleiteten Klassen diskutieren. Wir haben bei der Definition der Datenelemente einer Klasse gesehen, daß der Zugriff auf sie durch die Schlüsselworte **public**, **protected** und **private** gesteuert werden kann. Besonders interessant für die abgeleiteten Klassen sind die Datenelemente, die als **protected** deklariert werden. Auf diese Elemente können nur Elementfunktionen aus derselben Klasse oder aus von ihr abgeleiteten Klassen zugreifen.

Um die Vererbung und den damit verbundenen Zugriff besser zu verstehen, wenden wir uns dem Zugriff-Spezifizierer in der Sprachendefinition zu. Bei **class** ist der Zugriff-Spezifizierer per Voreinstellung **private**, bei **struct** dagegen **public**. Die Basisklasse einer Struktur ist implizit eine öffentliche Basisklasse. Die **union**-Klassen können weder Basisklassen noch abgeleitete Klassen sein. Mit dem Zugriff-Spezifizierer wird die Zugriffsebene für die vererbten Elemente festgelegt. Folgende Tabelle veranschaulicht dies:

Zugriff in Basisklasse	Zugr.-Spezifizierer	Vererbter Zugr. auf Basisklasse
public	public	public
private	public	nicht zugreifbar
protected	public	protected
public	private	private
private	private	nicht zugreifbar
protected	private	private

Wenn neue Klassen definiert werden, die mit den bestehenden verknüpft sind, muß sich der Programmierer über die Beziehungen zwischen Basisklassen und abgeleiteten Klassen im klaren sein. Wichtig ist dabei vor allem die Festlegung der Zugriffsrechte mit Hilfe der Zugriff-Spezifizierer. Die Zugriffsrechte müssen sorgfältig von der Basisklasse an die abgeleitete Klasse und an von dieser abgeleitete Klassen übergeben bzw. nicht übergeben werden. Die Zugriffsrechte auf ein Basisklassenelement müssen für Basisklasse und abgeleitete Klasse nicht dieselben sein. Mit anderen Worten: man kann bei der Vererbung von Elementen steuern, wie die Zugriffsrechte vererbt werden sollen.

Eine Klasse kann **private** oder **public** von der Basisklasse abgeleitet werden. Eine **private**-Ableitung (die Voreinstellung bei **class**-Klassen) konvertiert **public**- und **protected**-Elemente der Basisklasse in **private**-Elemente in der abgeleiteten Klasse, **private**-Elemente bleiben auch weiterhin **private**. Bei einer Ableitung mit dem Schlüsselwort **public** bleiben die Zugriffsebenen unverändert. Das Schlüsselwort **protected** kann als Zugriff-Spezifizierer für die Basisklasse nicht verwendet werden.

Eine abgeleitete Klasse erbt alle Elemente der Basisklasse, wobei aber nur geschützte (**protected**) und öffentliche (**public**) Elemente verwendet werden können. Auf **private**-Elemente der Basisklasse können die Elemente der abgeleiteten Klasse nicht direkt zugreifen. Eine Ausnahme bilden Funktionen der abgeleiteten Klassen, die als **friend**-Funktionen der Basisklasse definiert sind (siehe S. 149). Die **friend**-Funktionen einer abgeleiteten Klasse haben dieselben Zugriffsrechte wie die eigentlichen Member der Klasse. Die **friend**-Funktionen einer abgeleiteten Klasse genau so wie die Elementfunktionen haben nur Zugriff auf vererbte nicht-private Member der Basisklasse.

Generell sollte bei der Ableitung von Klassen unabhängig von Voreinstellungen der Zugriff-Spezifizierer, **public** oder **private**, verwendet werden, um mögliche Verwirrungen bei der Vergabe der Zugriffsrechte an verschiedene Implementierungen aus dem Weg zu räumen.

8.3 Umwandlungen bei Ableitungen

Auf ein spezielles, aber sehr interessantes Problem stoßen wir beim Versuch, auf Member der abgeleiteten Klasse über ein Objekt der Basisklasse zuzugreifen. Weil damit auch das Problem der Standardkonvertierungen zwischen Basis- und abgeleitete Klassen zusammenhängt, wollen wir darauf eingehen.

Wir haben schon festgestellt, daß eine abgeleitete Klasse die Elemente der Basisklasse plus ihre eigenen enthält. Aus diesem Grund ist eine verkleinerte Konvertierung (z.B. bei Zuweisungen und Initialisierungen) einer abgeleiteten Klasse in ihre Basisklassen sicher und implizit möglich, denn ein Basisanteil existiert immer. Das heißt, daß ein Objekt, eine Referenz oder ein Zeiger einer abgeleiteten Klasse implizit in das Entsprechende einer **public**-Basisklasse umgewandelt wird (Standardumwandlung). Umgekehrt (vergrößernd) ist eine explizite Konvertierung notwendig. Folgendes Beispiel verdeutlicht dies:

```
class A {
int ia;
public:
.....
fa(); } a;                      // a ist ein Objekt der Klasse A
class B:public A {
int ib;
public:
.....
fb(); } b;                      // b ist ein Objekt der Klasse B
class C:public B {
int ic;
public:
.....
fc();} c;                       // c ist ein Objekt der Klasse C
extern void funk(A&);

// funk kann mit jedem Objekt der Klassen A, B, C aufgerufen werden. Bei
// den Objekte vom Typ B und C findet eine Standardkonvertierung statt.
funk(a);
funk(b);
funk(c);

// Durch Standardkonvertierungen zeigen za und zb auf das Objekt bei
B bei, *zb = &bei;
A *za = zb;
zb->fb();                         // entspricht bei::fb()
za->fb();                         // Fehler: fb ist kein Element von A
```

Aus dem letzen Beispiel folgt, daß ein Zugriff auf ein Element einer abgeleiteten Klasse über ein Objekt, eine Referenz oder einen Zeiger einer Basisklasse ohne eine explizite Konvertierung nicht möglich ist. Die letzte Zeile hätte man so definieren müssen:

```
((zb* ) za)->fb();      // Die zusätzlichen Klammern um die Datentypvor-
                        // gabe von za sind unbedingt nötig. Ohne sie (z.B.
                        // (zb* )za->fb()) wird versucht fb als A-Instanz
                        // aufzurufen und in *zb umzuwandeln.
```

Dies gilt auch für Zuweisungen und Initialisierungen, wie zum Beispiel:

```
B *zb = new C;              // implizite Konvertierung
C *zc = new B;              // falsch: keine implizite Konvertierung
C *zc = (C*) new B;         // richtig
```

Zeiger auf Klassenelemente verhalten sich in umgekehrter Art und Weise wie Klassenobjekte und Zeiger auf solche, d.h. wenn man einen Zeiger auf ein Element einer Basisklasse einem Zeiger auf ein Element einer abgeleiteten Klasse zuweisen will, geschieht dies implizit. Umgekehrt ist eine explizite Konvertierung erforderlich, wenn ein Zeiger auf ein Element einer abgeleiteten Klasse einem Zeiger auf ein Element einer Basisklasse zugewiesen werden soll, da hier der zugewiesene Zeiger sozusagen ins Leere zeigt. Zum Beispiel:

```
int A::*zei_a;
int B::*zei_b;
zei_b = zei_a;              // implizite Konvertierung
zei_a = (int A::*) zei_b;
```

8.4 Konstruktoren/Destruktoren für abgeleitete Klassen

Ähnlich wie bei den Konstruktoren/Destruktoren für Klassen können auch bei den Konstruktoren/Destruktoren für abgeleitete Klassen bzw. Basisklassen Probleme auftreten. Dazu folgendes Beispiel:

```
class Grund
{
 public:
 int i;
 Grund(int j)
 {
  i = ;
 }
 ~Grund() { };
};

class Neu:public Grund
{
public;
 char *v;
 short y;
 Neu(char *Ch, int i);
 ~Neu() { };
};
```

Bei der Erzeugung eines Objekts der abgeleiteten Klasse wird implizit auch eines der Basisklasse **Grund** kreiert, deren Konstruktor jedoch einen Parameter benötigt. Wie kann dieser Parameter angegeben werden?

Die Lösung für dieses Problem entspricht der für Konstruktoren von Member-Objekten (Kapitel 7.5.). In diesem Fall erfolgt die Angabe der Parameter für die Basisklasse also ebenfalls im Kopf der Definition (und nicht der Deklaration!) des Konstruktors der abgeleiteten Klasse. Nach dem Doppelpunkt genügt auch hier die Angabe des Namens der Basisklasse mit der Parameterliste in Klammern. Als Beispiel die Definition des Konstruktors für **Neu**:

```
Neu::Neu(char *Ch, int i):Grund(10)
{
  v = Ch;
  y = sh;
}
```

Bei einer mehr als zweistufige Klassenhierarchie muß man darauf achten, daß die Parameter für den Konstruktor einer Basisklasse immer bei der Definition des Konstruktors der "direkt darüberliegenden abgeleiteten Klasse" angegeben werden müssen. So können wir das obige Beispiel um eine weitere, von **Neu** abgeleitete Klasse **abgeleitet** erweitern, die zusätzlich auch noch als Member-Klasse ein Objekt der Klasse **Neu** besitzt (Man beachte: **Neu** ist somit sowohl Member-Klasse als auch Basisklasse von **abgeleitet**):

```
class abgeleitet:public Neu
{
 public:
  Neu mem;
  char *x;
  abgeleitet(char *n);
  ~abgeleitet() { };
};
```

Der Konstruktor für **abgeleitet** muß nun Informationen für den Konstruktor der Basisklasse **Neu** und den Klassen-Member **mem** (vom Typ **Neu**) enthalten:

```
abgeleitet::abgeleitet(char* cha)
      : mem("Member",1), Neu("Basisklasse",2)
{
  x = cha;
}
```

mem(...) bewirkt hier den Aufruf des Konstruktors für die Member-Klasse und **Neu**(...) den Aufruf des Konstruktors für die Basisklasse. In diesem konkreten Beispiel ist die Reihenfolge der Angaben nach dem Doppelpunkt ohne Bedeutung.

Wird nun ein Objekt der Klasse **abgeleitet** erzeugt, etwa durch

```
abgeleitet d = abgeleitet("Abgeleitet");
```

so wird zunächst der Konstruktor für die Klasse **Neu** mit den entsprechenden Parametern aufgerufen, welcher wiederum den Konstruktor für **grund** mit den im Konstruktor für **Neu** angegebenen Parametern aufruft.

Bei mehreren Basisklassen, wie zum Beispiel

```
class C: public B, public A;
C drei;
```

werden die Konstruktoren durch Kommata getrennt und in der Reihenfolge ihrer Deklaration aufgerufen :

```
B();                    // Basisklassen-Konstruktoren kommen zuerst
A();
C();
```

Benötigt ein Konstruktor einer Basisklasse keine Parameter, kann die Angabe nach dem Doppelpunkt für diese Basisklasse entfallen.

Genau wie bei Konstruktoren für Member-Objekte werden hier also Klassenobjekte "bottom-up" erzeugt. Bei Destruktoren verhält sich dies in entsprechender Weise umgekehrt.

8.5 Vererbung

Die Vererbung ist zusammen mit Klassen, Objekten und dem Polymorphismus ein wesentliches Merkmal objektorientierter Sprachen. Der Vererbungsmechanismus gestattet es dem Programmierer, gemeinsame Teile von Klassen herauszuziehen und in eine Oberklasse zu stecken. Dies können Instanzvariablen (z.B. der Name, das Geschlecht usw.) in einer Klasse **angestellte**, anderseits auch gemeinsame Methoden sein, z.B. die gleichnamige Funktion **aus**. Die Vererbung bedeutet, daß eine abgeleitete Klasse alle Eigenschaften (Variablen) und Verhaltensweisen (Methoden) der Basisklasse enthält und entsprechend der Zugriffsrechte (festgelegt durch die Schlüsselwörter **public, private, protected** in der Klassendefinition und bei der Ableitung) auf sie zugreifen bzw. nicht zugreifen kann.

Eine abgeleitete Klasse kann wieder eine Basisklasse sein; daher können für die Mitarbeiter einer Firma folgende Klassen deklariert werden:

```
class angestellte              {...};
class sekretariat :            public angestellte    {...};
class leiter :                 public angestellte    {...};
class direktor :               public leiter         {...};
class vizepresident :          public direktor       {...};
class president :              public vizepresident  {...};
```

Eine solche Menge von zusammenhängenden Klassen bezeichnet man typischerweise als Klassenhierarchie. Im obigen Beispiel haben wir eine öffentliche Ableitungshierarchie, in der jede abgeleitete Klasse Zugriff auf die vereinigte Menge von geschützten (**protected**) und öffentlichen (**public**) Membern der vorhergehenden Basisklasse in der gesamten Hierarchie hat - auf private allerdings nicht. Als Struktur formen solche Hierarchien einen Baum, wenn man eine Klasse nur von einer einzigen Basisklasse ableitet.

Kompliziertere Strukturen wie etwa gerichtete, azyklische Graphen von abgeleiteten Klassen lassen sich über die Mehrfachvererbung erzielen, eine der Haupteigenschaften, um die die Version 2.0 von C++ erweitert wurde.

In einer größeren Klassenhierarchie mit mehreren Ebenen führt die Extraktion von gemeinsamen Teilen auch zu einer Verbesserung der Lesbarkeit, da es bisher noch an allgemein verfügbaren Klasseninspektoren fehlt. Daher ist es auch sinnvoll, eine in (fast) allen Klassen vorhandene Methode in der Oberklasse zu deklarieren und in den abgeleiteten Klassen entsprechend zu definieren. Dies ermöglicht dem Betrachter der Oberklasse, einen Überblick über die in den abgeleiteten Klassen realisierten Methoden zu erhalten.

Bei der Vererbung wird zwischen der einfachen, die wir bisher in den Beispielen verwendet haben, und der mehrfachen Vererbung unterschieden.

8.5.1 Einfache Vererbung

Eine einfache Vererbung liegt dann vor, wenn jede abgeleitete Klasse nur eine Basisklasse hat, die Struktur der zusammenhängenden Klassen also einen Hierarchiebaum bildet. Die Klassenstruktur der Mitarbeiter einer Firma war ein Beispiel für einfache Vererbung. Die Instanz einer abgeleiteten Klasse enthält nicht nur die Eigenschaften (Instanzvariablen) seiner Oberklasse, sonder auch diejenigen ihres "Vaters", "Großvaters" etc. im Hierarchiebaum. Dies gilt auch für die mehrfache Vererbung.

Folgendes Beispiel zeigt die Klassenhierarchie **boot** (siehe Bild 8), in der die Klasse **segelboot** die Instanzvariable **Maxge** erbt und eine eigene Instanzvariable **segelflaeche** besitzt. Die Klasse **kielboot** erbt die Eigenschaften **Maxge** und **segelflaeche** über die Klasse **segelboot** und besitzt die eigene Instanzvariable **Kielgewicht**. Eine Klasse **ruderboot** ist ebenfalls direkt von **boot** abgeleitet, sie hat die Eigenschaft **AnzRuder** und erbt **Maxge** von **boot**.

```
class boot {
 int Maxge;
public:
 boot(int );
 void druckeboot() { cout << Maxge;}
 ..........
};

class segelboot: boot {
 int segelflaeche;
public:
 segelboot(int, int);
 void fahren();
 ........
};

class kielboot: segelboot {
 int Kielgewicht;
public:
 kielboot(int, int, int );
 .......
};

class ruderboot: boot {
 int AnzRuder;
public:
 ruderboot(int, int);
 ......
};
```

Die Struktur einer abgeleiteten Klasse im Speicher kann grafisch so dargestellt werden:

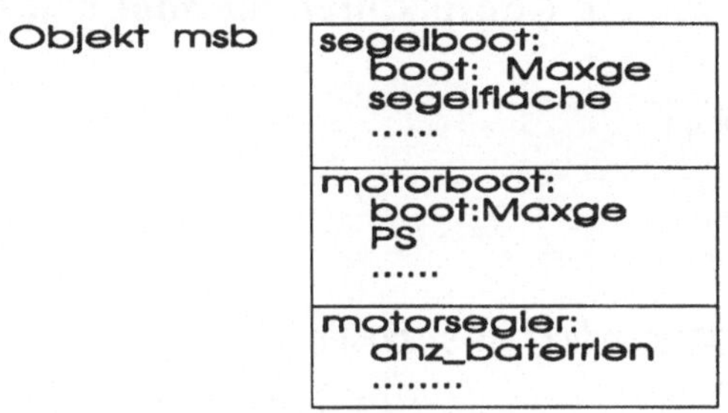

Bild 7

8.5.2 Mehrfache Vererbung

Mehrfachvererbung bedeutet, wie vorher erwähnt, daß eine Klasse von mehreren Basisklassen erben kann, d.h. jede abgeleitete Klasse hat dann mindestens zwei "Väter" (Vorgänger). Wenn wir eine Klasse **motorsegler** von **motorboot** und **segelboot** ableiten wollen, dann werden die Objekte dieser Klasse sowohl die Eigenschaften und die Methoden von **segelboot** als auch die von **motorboot** enthalten.

Bild 8 zeigt die Klassenhierarchie von **boot** und geerbte Instanzvariablen für das Objekt **motorsegler**.

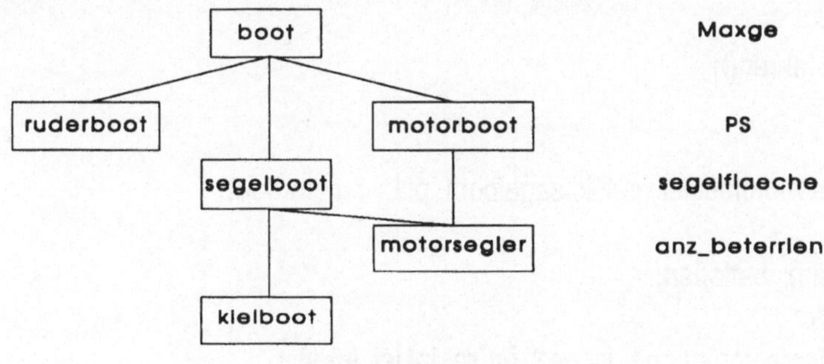

Bild 8

Die Klassen **boot** und **segelboot** sind schon bekannt, deshalb werden nur die Klassen **motorboot** und **motorsegler** definiert, sowie die Konstuktoren für **boot** und **segelboot**.

```
boot ::boot(int i) {
  Maxge = i;
}

segelboot ::segelboot(int i, int s) :boot(i)
{
  segelflaeche = s;
}

kielboot::kielboot(int i, int s, int kg)
     :segelboot(int i, int s)
{
  Kielgewicht = kg;
}

class motorboot: public boot {
 int PS;
public:
 motorboot(int i, int lei)
 :boot(i)
 {
  PS = lei;
 }
void fahren();
};

class motorsegler: public segelboot, public motorboot
{
 int anz_batterien;
public:
 motorsegler(int ge1, int ge2, int se, int lei, int a)
```

```
 : segelboot(ge1, se), motorboot(ge2, lei)
 {
  anz_batterien = a;
 }
......
};
```

Beim Erzeugen einer Instanz von **motorsegler** erhält diese die Instanzvariable **Maxge** von **boot** zweimal, einmal über die Klasse **segelboot** und einmal über die Klasse **motorboot.** Dies erscheint in unserem Beispiel sogar sinnvoll, denn ein Motorsegler besitzt mit Motorantrieb eine andere Höchstgeschwindigkeit als wenn er unter Segeln fährt. Darum werden beim Konstruktor von **motorsegler** die Parameter **hoe1** und **hoe2** für beide Höchstgeschwindigkeiten angegeben. Soll die Instanzvariable einer Oberklasse bei mehrfacher Vererbung nur einmal vorkommen, so muß eine virtuelle Basisklasse gebildet werden (siehe Abschnitt 9.6).

Die Reihenfolge beim Durchlaufen der Konstruktorfunktionen richtet sich nach der Angabe der Oberklassen bei der abgeleiteten Klasse, in unserem Beispiel also:

```
class motorsegler: public segelboot, public motorboot.
```

Zuerst wird der Konstruktor für die Basisklasse von **segelboot,** der für **segelboot** selbst, dann derjenige für die Basisklasse von **motorboot,** für **motorboot** selbst und zuletzt der Konstruktor von **motorsegler** durchlaufen.

Wir haben für die Klassen **segelboot** und **motorboot** je eine Methode **fahren** definiert, die jeweils die gleiche Signatur (Name, Anzahl, Art und Reihenfolge der Argumente) haben. Für die Klasse **motorsegler** ist aber keine eigene Methode gleichen Namens vorhanden. Dies wird bei einem Aufruf der Methode **fahren** für eine Instanz von **motorseg-**

ler zu einem Konflikt führen. Obwohl die Methode **fahren** in **motorsegler** von beiden Oberklassen vererbt wird, weiß der Compiler nicht, welche Methode er nehmen soll. Das gleiche gilt für die Methode **boot::druckeboot**, die **Maxge** ausgibt und im **motorsegler** doppelt vererbt ist. Zum Beispiel

```
main() {
  motorsegler msb;
  msb.fahren();          // welche Methode fahren wird benutzt,
  msb.druckeboot();      // welche Maxge soll gedruckt werden
}                        // von motorboot oder von segelboot?
```

Eine Lösung wäre die Verwendung von qualifizierten Namen wie zum Beispiel:

```
main () {
motorsegler msb;
msb.segelboot::fahren();
msb.segelboot::druckeboot();
}
```

Diese Lösung erfordert Detailkenntnisse über die Klassenhierarchie und kompliziert das Programm. Deshalb wird für diese Situation in C++ eine effektivere Lösung vorgeschlagen - die virtuelle Basisklasse (siehe Abschnitt 9.6).

9 Objektorientierte Programmierung mit C++

Wie bereits gesagt (siehe 1 Konzepte und Grundbegriffe der OOP), zeichnet sich eine Sprache für objektorientierte Programmierung durch die Mechanismen der Datenkapselung, der Vererbung und des Polymorphismus aus. Datenkapselung und Vererbung werden in C++ in Form von Basisklassen und abgeleiteten Klassen - dem Thema der letzten zwei Kapitel - unterstützt. Der Polymorphismus wird über die virtuellen Klassenfunktionen und die damit verbundene späte (dynamische) Bindung - das Thema dieses Kapitels - erreicht.

9.1 Polymorphismus

Das Wort Polymorphismus stammt aus dem Griechischen und bedeutet etwa "viele Formen haben". Im Sinne einer Programmiersprache meint dies die Vergabe eines Namens oder Symbols für eine Aktion in einer Klassenhierarchie, wobei die Aktion in jeder Klasse der Hierarchie anders implementiert werden kann. Die Möglichkeit, erst zur Laufzeit zu entscheiden, welche Version der Implementierung für die Aktion zu verwenden ist, wird späte Bindung genannt. Der Vorteil liegt im höheren Abstraktionsniveau. Die jeweilige aktuelle Implementierung bleibt verborgen und ist für den Sender der Nachricht auch uninteressant; im Vordergrund steht also nur die Aktion selbst.

Durch diese Eigenschaft einer objektorientierten Programmiersprache ist es möglich, an jede Unterklasse in einer Klassenhierarchie Nachrichten (Messages) mit demselben Namen zu senden. Dieses Verfahren ist daher sehr gut verwendbar für generelle Operationen, die auf alle Objekte angewandt werden, die aber für die einzelnen Klassen unterschiedlich realisiert sind.

Ein typischer Anwendungsfall sind Zeichnenroutinen für grafische Objekte (**zeichnen, drehen,..**). Die Grafikobjekte können als Sammlungen in einer dynamischen Datenstruktur (Liste) gespeichert sein. Die Knoten in der Liste sind dann - je nach aktueller Grafik - von verschiedenem Typ (Rechteck, Kreis, ...). Für jedes Grafikelement ist eine separate Zeichenfunktion (**zeichnen**) zur Ausgabe in einem Fenster realisiert. Die Operation **zeichnen** soll auf der Ebene der Liste aufgerufen werden können (Abstraktion), ohne jeweils explizit den Typ des Knotens zu erfragen und dann die richtige Methode auswählen zu müssen (siehe **zeichnen** S. 16 oder **drucke_fahrzeug** S. 173).

Einen weiteren, noch entscheidenderen Vorteil bietet dieses Konzept in Hinblick auf Wartung und Erweiterbarkeit von Systemen. Das Hinzufügen neuer Objekte, z.B. Polygonzüge, ist problemlos möglich, da nur diese neuen Unterklassen mit den neuen Methoden definiert werden müssen, also in unserem Beispiel die Methode **zeichnen** für Polygonzüge. Außerdem ist hier bei Erweiterungen die Verfügbarkeit des Sourcecodes der Implementierung nicht zwingend erforderlich.

Im Gegensatz dazu wären bei einer Lösung ohne dynamische Bindung Änderungen an jeder Aufrufstelle notwendig, wie dies im nächsten Anschnitt demonstriert wird. Üblicherweise werden also in einer Fallunterscheidung an jeder Aufrufstelle bzw. in einer Hilfsprozedur entsprechende Änderungen bzw. Ergänzungen vorgenommen. Die potentielle Gefahr, eine Aufrufstelle zu vergessen oder anderweitige Fehler einzubauen, ist sehr groß.

Auch in der Wartungsphase, in der üblicherweise nicht mehr der eigentliche Softwareentwickler Änderungen am Programm vornimmt, bietet die objektorientierte Methodik des dynamischen Bindens eine wesentliche Verbesserung.

Gerade von der Verwendung objektorientierter Techniken verspricht man sich einen entscheidenden Schritt in Richtung "Wiederverwendbarkeit von Software" (Reusability). Die dynamische Bindung ist die Basis hierfür.

9.2 Dynamische Bindung

Folgendes Beispielprogramm für die Hierarchie der Landfahrzeuge (siehe Bild 9) soll die Vorteile durch den Polymorphismus (dynamische Bindung) bezüglich leichter Erweiterbarkeit und besserer Wartbarkeit verdeutlichen. Das Beispiel wird einmal mit statischer Bindung (Fall a)) und dann zum Vergleich mit dynamischer Bindung realisiert (Fall b)).

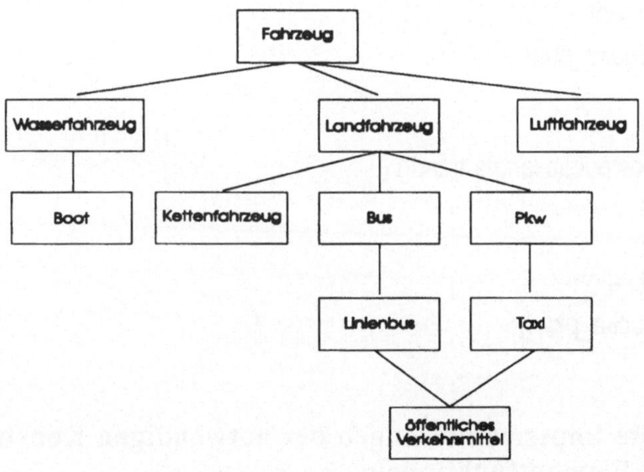

Bild 9

a) Mit statischer Bindung

Betrachten wir die Klasse **landfahrzeug** mit beiden abgeleiteten Klassen **bus** und **pkw**. Zur Typunterscheidung brauchen wir als Beispiel einen Aufzählungstyp mit allen möglichen Fahrzeugstypen:

```
enum landfahrzeugtyp {landfahrzeug, bus, pkw};
```

Es folgen die Klassendefinitionen für die Objekte:

```
class landfahrzeug {
  int Maxge;
public:
  landfahrzeug(int = 0);
  void drucke_landfahrzeug();
  landfahrzeugtyp ltyp;
};

class bus:public landfahrzeug {
  int passagierzahl;
public:
  bus(int = 0);
  void drucke_bus();
};

class pkw:public landfahrzeug {
  int PS;
public:
 pkw(int i = 0);
 void drucke_pkw();
};
```

sowie die Implementierungen der notwendigen Konstruktoren und Elementfunktionen:

```
landfahrzeug::landfahrzeug(int i)
{
 Maxge = i;
 ltyp = landfahrzeug;
}
```

```
bus::bus(int i)
{
 passagierzahl = i;
 ltyp = bus;
}

pkw::pkw(int i)
{
 PS = i;
 ltyp = pkw;
}

void landfahrzeug::drucke_landfahrzeug()
{
 cout << Maxge << " km/h\n";
}

void bus::drucke_bus()
{
 cout << passagierzahl << " Personen\n";
}

void pkw::drucke_pkw()
{
 cout << PS << " PS\n";
}
```

Zur Ausgabe der aktuellen Daten eines Objektes der Klasse **landfahrzeuge** wird eine C++-Funktion **drucke_fahrzeug** definiert.

```
void drucke_fahrzeug(landfahrzeug *l)
{
 switch (l->ltyp) {
 case landfahrzeug:
  l->drucke_landfahrzeug; break;
```

```
  case bus:
    ((bus*)l)->drucke_bus; break;
  case pkw:
    ((pkw*)l)->drucke_pkw; break;
  }
}
```

Die Instanzvariable **ltyp** wurde zur expliziten Unterscheidung der jeweiligen Landfahrzeugtypen eingeführt. Diese Eigenschaft muß zusätzlich **public** deklariert werden (Zugriff in **drucke_fahrzeug**), oder die Funktion **drucke_fahrzeug** muss alternativ als **friend**-Funktion deklariert werden. Beides verletzt das Prinzip der Datenkapselung, ist vor allem nur aus Implementierungsgründen notwendig und hat mit der Problemlösung nichts zu tun (mangelnde Abstraktion). Außerdem sind unschöne explizite Typkonvertierungen (**bus***) und (**pkw***), die wir in Kapitel 8.3 besprochen haben, notwendig.

Die Nachteile zeigen sich noch deutlicher, wenn Änderungen am Programm vorgenommen werden. Eine Erweiterung der Klassenhierarchie z.B. um die Klasse **kettenfahrzeug** erfordert hier, neben der Definition einer abgeleiteten Klasse **kettenfahrzeug**

```
class kettenfahrzeug: public landfahrzeug {
  int spurbreite;
public:
  kettenfahrzeug(int i = 0);
  void drucke_kettenfahrzeug();
};

kettenfahrzeug:kettenfahrzeug(int i) {
  spurbreite = i;
  ltyp = kettenfahrzeug;
}
```

```
void kettenfahrzeug::drucke_kettenfahrzeug()
{
  cout << spurbreite << " m\n");
}
```

zusätzlich auch eine Änderung des Aufzählungstyps

```
enum landfahrzeugtyp {landfahrzeug, bus, pkw, kettenfahrzeug }
```

sowie eine Erweiterung in der Prozedur **drucke_fahrzeug**:

```
void drucke_fahrzeug(kettenfahrzeug *l)
{
 switch (l->ltyp) {
  case landfahrzeug:
   l->drucke_landfahrzeug; break;
  case bus:
   ((bus*)l)->drucke_bus; break;
  case pkw:
   ((pkw*)l)->drucke_pkw; break;
  case kettenfahrzeug:
   ((kettenfahrzeug*)l)->drucke_kettenfahrzeug; break;
 }
}
```

Die einzelnen Stellen, in denen Änderungen vorgenommen werden müssen, stehen in der Praxis in verschiedenen Programmteilen und verschiedenen Dateien. Zudem ist eine so übersichtliche Darstellung, wie in dem obigen Beispiel aufgrund der Kürze des Programms noch gegeben ist, sicher in der Realität selten anzutreffen. Damit bergen solche Änderungen ein hohes Fehlerrisiko in sich. Änderungen beispielsweise in der Wartungsphase durch andere Personen erhöhen dieses Risiko noch beträchtlich.

Im Hauptprogramm werden nur Instanzen je einer Klasse angelegt und die Daten mit **drucke_fahrzeug** ausgegeben.

```
#include <stream.h>
main()
{
 landfahrzeug* l = new landfahrzeug(0);
 bus *b = new bus(45);
 pkw *p = new pkw(35);
 kettenfahrzeug *k = new kettenfahrzeug(2);

 drucke_fahrzeug(l);
 drucke_fahrzeug(b);
 drucke_fahrzeug(p);
 drucke_fahrzeug(k);
}
```

Das Programm liefert damit als Ergebnis folgende Ausgabe:

```
0 km/h
45 Personen
35 PS
2 m
```

b) Mit dynamischer Bindung

In C++ wird das Konzept der dynamischen Bindung durch die virtuellen Funktionen realisiert. Wir überarbeiten hier die Klassen aus a) unter Einsatz von virtuellen Funktionen, ohne jetzt noch auf ihre Details einzugehen (siehe Abschnitt 9.3). Damit wird das obige Beispiel mit dynamischer Bindung realisiert.

Es wird zuerst eine **virtuelle** Funktion **drucke_landfahrzeug** in der Oberklasse **landfahrzeug** deklariert. Diese

Funktion kann dann in jeder abgeleiteten Klasse neu definiert werden:

```
class landfahrzeug {
  int Maxge;
public:
  landfahrzeug(int = 0);
  virtual void drucke_landfahrzeug();
};

class bus:public landfahrzeug {
  int passagierzahl;
public:
  bus(int = 0);
  virtual void drucke_landfahrzeug();
};

class pkw:public landfahrzeug {
  int PS;
public:
  pkw(int i = 0);
  virtual void drucke_landfahrzeug();
};
```

Das Schlüsselwort **virtual** wird in der Definition der Oberklasse spezifiziert. Jede Unterklasse darf dann diese Methode für Objekte ihres Typs umdefinieren. Der Aufzählungstyp **landfahrzeugtyp** wird nun nicht mehr benötigt. Die Typunterscheidung erfolgt aufgrund der dynamischen Bindung automatisch zur Laufzeit beim Aufruf. Dem aktuellen Klassentyp entsprechend wird die zu verwendende Methode aufgerufen.

Die Konstruktoren werden jetzt einfacher:

```
landfahrzeug::landfahrzeug(int i)
{
 Maxge = i;
}

bus::bus(int i)
{
 passagierzahl = i;
}

pkw::pkw(int i)
{
 PS = i;
}
```

Die einzelnen Memberfunktionen **drucke_landfahrzeug** werden aus Gründen der Übersichtlichkeit und des "information hiding" in einem separaten Teil realisiert.

```
void landfahrzeug::drucke_landfahrzeug()
{
 cout << Maxge << " km/h\n";
}

void bus::drucke_landfahrzeug()
{
 cout << passagierzahl << " km/h\n";
}

void pkw::drucke_landfahrzeug()
{
 cout << PS << " PS\n";
}
```

Unsere C++-Prozedur **drucke_fahrzeug** reduziert sich damit zu:

```
void drucke_fahrzeug(landfahrzeug *l)
{
 l->drucke_landfahrzeug();
}
```

Je nach aktuellem Typ einer Instanz (Parameter b) wird zur Laufzeit die entsprechende Methode aktiviert, also z.B. beim **bus** die Methode **bus::drucke_landfahrzeug**.

Im Hauptprogramm wird je eine Instanz der verschiedenen Klassen/Unterklassen definiert. Beim Aufruf der Prozedur **drucke_fahrzeug** wird als Argument ein Zeiger auf die Instanz vom Typ **landfahrzeug** bzw. auf Instanzen aller Unterklassen übergeben.

```
main()
{
 landfahrzeug *l = new landfahrzeug(30);
 bus *b = new bus(45);
 pkw *p = new pkw(35);

 drucke_fahrzeug(l);
 drucke_fahrzeug(b);
 drucke_fahrzeug(p);
}
```

Bei einer Erweiterung der Wasserfahrzeüge durch eine neue Klasse **kettenfahrzeug** wie in a) ist nun lediglich die Ableitung einer neuen Unterklasse und die Realisierung der Memberfunktion **drucke_landfahrzeug** für diese Klasse erforderlich:

```
class kettenfahrzeug: public landfahrzeug {
 int spurbreite;
public:
 kettenfahrzeug(int i=0);
```

```
  virtual void drucke_landfahrzeug();
};

kettenfahrzeug::kettenfahrzeug(int i)
{
  spurbreite = i;
}

void kettenfahrzeug::drucke_landfahrzeug()
{
  cout << spurbreite << " m\n");
}
```

Es müssen keine Änderungen in den anderen Programmteilen, insbesondere in **drucke_fahrzeug**, durchgeführt werden. Die erforderlichen Erweiterungen im Gesamtsystem beschränken sich auf die lokale Definition der neuen abgeleiteten Klasse **kettenfahrzeug** und die Realisierung der dort spezifizierten Memberfunktionen. Die Änderungen sind damit absolut lokal, gut überschaubar und deshalb wesentlich sicherer durchzuführen.

Das Hauptprogramm läuft nach der Realisierung der Klasse **kettenfahrzeug** ohne weitere Anpassungen:

```
#include <stream.h>
main()
{
 landfahrzeug *l = new landfahrzeug(30);
 bus *b = new bus(45);
 pkw *p = new pkw(35);
 kettenfahrzeug *k = new kettenfahrzeug(2);

 drucke_fahrzeug(l);
 drucke_fahrzeug(b);
 drucke_fahrzeug(p);
```

```
  drucke_fahrzeug(k);
}
```

Das Programm liefert dann als Ergebnis folgende Ausgabe:

```
30 km/h
45 Personen
35 PS
2 m
```

Da von den Konstruktoren der Unterklassen keine Parameter an den Konstruktor von **landfahrzeug** übergeben werden, bleibt für die Instanzen der Unterklassen in unserem Beispiel die Instanzvariable **Maxge** der Oberklasse mit dem Default-Wert 0 besetzt.

9.3 Definieren von virtuellen Funktionen

Wie schon angesprochen wird das Konzept des Polymorphismus in C++ durch die **virtuellen Funktionen** realisiert. Diese Funktionen ermöglichen es, viele Versionen einer einzigen Funktion in einer Klassenhierarchie zu verwenden, wobei jede Version so festgelegt ist, daß sie zur Laufzeit ausgewählt wird, d.h. sie wird dann erst dynamisch mit einer Klasse verbunden (späte Bindung). Dadurch werden komplizierte **switch**- oder **else-if**-Anweisungen zur Bestimmung des Klassentyps unnötig (siehe Abschnitt 9.2). Eine virtuelle Funktion kann in einer Basisklasse deklariert und dann anschließend in jeder beliebigen abgeleiteten Klasse umdefiniert werden. Ihre Redefinition ist nicht zwingend erforderlich, wenn sie bereits in der Basisklasse definiert wurde. Gleichzeitig bieten diese Funktionen eine Methode zur Kapselung der implementierungsabhängigen Details einer Vererbungshierarchie in Anwendungsprogrammen. Der Compiler und der Linker garantieren den korrekten Zusammenhang zwischen Objekten und darauf angewandten Funktionen.

In diesem Abschnitt sehen wir uns zunächst die Definition der virtuellen Funktionen im Detail an; dann werden wir uns in den nächsten Abschnitten einigen Spezialfällen der Vererbung von Klassen zuwenden, nämlich den virtuellen Basisklassen, abstrakten Klassen und "reinen" (**pure**) virtuellen Klassen.

Eine virtuelle Funktion wird definiert, indem man vor eine Funktionsdeklaration das Schlüsselwort **virtual** schreibt. Nur die Elementfunktionen einer Klasse können als virtuell deklariert werden. Das Schlüsselwort **virtual** darf nur im Definitionsblock einer Klasse stehen und impliziert den Element-Status, daher kann eine virtuelle Funktion nicht global sein. Sie kann ein **friend** einer anderen Klasse, darf aber nicht statisch sein. Ein Beispiel:

```
class angestellte
  {
    char          *name;
    char          geschlecht;
    short         augenfarbe;
    short         abteilung;
    int           gehalt;
    angestellte   *nächste;
    public:
    virtual void aus();
  }

void angestellte::aus()
{
  cout << name << "\t" << abteilung << "\n";
}
```

Das Schlüsselwort **virtual** zeigt an, daß die Funktion **aus** verschiedene Versionen in verschiedenen abgeleiteten Klassen haben kann und daß es die Aufgabe des Compilers ist, nun die richtige Funktion für jeden Aufruf von **aus** zu finden. Der Ergebnistyp der Funktion muß in der Basisklasse deklariert sein (hier **void**) und darf in den abgeleiteten Klassen nicht umdeklariert werden. Die Basisklasse, in der eine Funktion als erste virtuell deklariert wurde, muß eine Implementierung dieser Funktion zur Verfügung stellen oder sie als **pure** (siehe Abschnitt 9.5. **pure virtuelle** Funktionen) deklarieren. Daher können die virtuellen Funktionen auch dann verwendet werden, wenn keine abgeleiteten Klassen existieren. Eine virtuelle Funktion einer Basisklasse dient als eine Art Platzhalter für noch nicht festgelegte Typen abgeleiteter Klassen. Daher müssen nicht alle Unterklassen eigene Realisierungen für die entsprechenden Methoden bereit stellen (siehe Abschnitt 8.5.2). Ist in einer Unterklasse keine Realisierung einer virtuellen Funktion implementiert, dann wird die Realisierung der Basisklasse verwendet, in der die Funktion als erstes virtuell deklariert wurde. Das Schlüsselwort **virtual** muß in den abgeleiteten Klassen nicht noch einmal verwendet werden, aber man darf es wegen der Übersichtlichkeit bei weiteren Ableitungen. Der Name, der Ergebnistyp und die Signatur (Anzahl, Typ und Reihenfolge der Argumente) müssen allerdings ganz genau übereinstimmen, damit der Compiler die gedachte Implementierung der Funktion finden kann.

Eine als **virtual** definierte Funktion kann auch mit einer unterschiedlichen formalen Parameter-Signatur und mit geändertem oder beibehaltenem Ergebnistyp neu deklariert werden, dann greift jedoch der virtuelle Mechanismus nicht, d.h. die neu definierte Funktion wird in der abgeleiteten Klasse nicht als virtuell verarbeitet. Besonders Anfänger sollten vorschnelles Überladen vermeiden, da es Situationen gibt, in denen eine nicht virtuelle Funktion eine in ihrer Basisklasse als virtuell deklarierte Funktion verdecken kann.

Abgeleitete Klassen, die keine spezielle Version der virtuellen Funktion benötigen, brauchen eine solche nicht anzubieten. Im Fall einer Instanz **s** der Klasse **sekretaerin**, die die gleichen Daten hat wie jeder normale **angestellte**, wird keine eigene **aus**-Funktion implementiert, da dafür die Funktion **aus** der Basisklasse verwenden werden kann:

```
class sekretaerin:angestellte
{
  ...........
  angestellte *gruppe;
 public:
  ......
 } s;
```

Das Ausdrucken der Angestelltendaten in jeder Klasse, darunter auch die Klasse **leiter**, kann folgenderweise erfolgen, d.h. mit **ausgabe_alle** ohne komplizierte **case**- oder **if**-Anweisungen (wie wir es im Abschnitt 9.2 gesehen haben):

```
class leiter:angestellte
{
 ....
 angestellte *gruppe;
 short ebene;
public:
 void aus();
}

void leiter:aus()
{
angestellte::aus();
```

```
cout << "\tebene:" << ebene << "\n";
}

ausgabe_alle(angestellte *daten) {
  for ( ;daten; daten = daten.nächste) daten->aus();
}
```

Die Daten für jeden Angestellten werden nun entsprechend seines Typs ausgedruckt. Zum Beispiel wird mit

```
main()
{
 angestellte ang1;
 ang1.name        = "W.Hansmann";
 ang1.abteilung   = 18;
 ang1.nächste     = 0;
 leiter leit1;
 leit1.name       = "H.Flessner";
 leit1.abteilung  = 18;
 leit1.ebene      = 2;
 leit1.nächste    = &ang1;
 ausgabe_alle(&leit1);
}
```

folgende Ausgabe produziert:

```
H.Flessner    18
              ebene: 2
W.Hansmann    18
```

Den Vorteilen, die die virtuellen Funktionen und der Mechanismus der späten Bindung mit sich bringen, steht der Nachteil gegenüber, alle potentiell notwendigen virtuellen Funktionen vorhersehen zu müssen. Methoden, die in der Oberklasse nicht als **virtual** deklariert wurden, können nicht nachträglich ohne Sourcecode-Änderungen als virtuell verwendet werden. Außerdem gilt allgemein, daß nicht virtuelle Funktionen beim Aufruf etwas schneller sind als virtuelle. Wenn die Erweiterbarkeit im Gegensatz zur Geschwindigkeit eine untergeordnete Rolle spielt, dann sollten normale Elementfunktionen verwendet werden.

Insbesondere für die Entwicklung von Klassenbibliotheken oder Applications Frameworks (wie z.B. ET++ /Wein90/) muß immer ein Kompromiß zwischen maximaler Dynamik (alle Methoden virtuell) und der optimalen Laufzeit (möglichst viele Methoden bei der Übersetzung bindbar) gefunden werden. Als Faustregel soll folgendes gelten: eine Elementfunktion **aktion** der Klasse **basis** sollte als **virtual** deklariert werden, wenn die Möglichkeit besteht, daß eine zukünftig von **basis** abgeleitete Klasse die Funktion **aktion** überschreibt und daß **basis** auf zukünftigen Code zugreifen kann. **aktion** sollte eine normale Elementfunktion sein, wenn sie für alle abgeleiteten Typen dieselben Arbeitsschritte ausführt bzw. wenn die abgeleiteten Klassen keinen Gebrauch von ihr machen.

9.4 Virtuelle Destruktoren

Ein Destruktor kann auch als **virtual** deklariert werden. Das ermöglicht einem Zeiger auf ein Basisklassen-Objekt, den richtigen Destruktor aufzurufen, wenn der Zeiger aktuell auf ein abgeleitetes Klassenobjekt zeigt. Der Destruktor einer Klasse, die von einer Klasse mit einem virtuellen Destruktor abgeleitet wurde, ist ebenfalls automatisch virtuell, obwohl die Destruktoren keinen gemeinsamen Namen haben. Zum Beispiel:

```
class farbe {
 public:
....
```

```
 virtual ~farbe();              // Virtueller Destruktor für farbe
};

class blau: public farbe {
pubic:
.....
  ~blau();                      // Der Destruktor für blau ist virtuell
};

class hellblau: public blau {
 public:
 .....
 ~hellblau();                   // Der Destruktor für hellblau ist ebenfalls
                                // virtuell
};
```

Für die oben aufgelisteten Klassen und die folgenden Deklarationen

```
farbe *palette[3];
palette[0] = new blau;          // implizite Standartdkonvertierung
palette[1] = new hellblau;
palette[2] = new farbe;
```

liefern folgenden Anweisungen unterschiedliche Resultate:

```
delete palette[0];              // Der Destruktor für blau wird aufgerufen,
                                // gefolgt vom Destruktor für farbe

delete palette[1];              // Der Destruktor ~hellblau wird aufge-
                                // rufen, gefolgt von ~blau und ~farbe

delete palette[2];              // Der Destruktor ~farbe wird aufgerufen
```

Beim Aufruf des Destruktors einer abgeleiteten Klasse wird das Objekt "pop-up" gelöscht, d.h. es werden zuerst der Destruktor für die abgeleitete Klasse, dann die Destruktoren der "darüberliegenden" Basisklassen aufgerufen. Wurden keine Destruktoren als virtuell deklariert, rufen **delete palette[0]**, **delete palette[1]** und **delete palette[2]** nur den Destruktor für die Klasse **farbe** auf. Dadurch werden aber fälschlicherweise auch die ersten beiden Elemente gelöscht, die tatsächlich vom Typ **blau** und **hellblau** sind.

9.5 Abstrakte Klassen

Wie bereits erwähnt ist es in C++ (Version 2.0) erlaubt, virtuelle Funktionen zu definieren, ohne in der Klasse eine Implementierung bereitzustellen. Solche Funktionen werden als "pure virtual functions" bezeichnet. Die Spezifizierung einer Funktion als **pure** erfolgt mit dem **pure**-Spezifizierer **=0**

```
class B
{
 virtual void vf(int) = 0;          // =0 bedeutet 'pure'
};
```

und bedeutet, daß es nicht möglich ist, Instanzen ihrer Klasse zu erzeugen. Eine solche Funktion hat den Wert "undefiniert". Ist die virtuelle Funktion in der Oberklasse als "pure" vereinbart, so muß die Unterklasse diese Methode implementieren oder wieder als **pure** deklarieren, mit der Konsequenz, daß auch von dieser Klasse keine Instanzen erzeugt werden können .

Eine Klasse mit mindestens einer pure-virtuellen Funktion wird als abstrakte Klasse bezeichnet. Da abstrakte Klassen keine Instanzen besitzen, sind sie nicht für die direkte Anwendung bestimmt. Eine abstrakte Klasse dient einzig dazu, einen Grundstock für eine Hierarchie abgeleiteter Klasse zu legen. Sie definiert eine Schnittstelle in einer

Objekthierarchie und stellt eine Hohlform für die Erzeugung abgeleiteter Klassen dar. Die abstrakte Klasse ist von größter Wichtigkeit, da sie den Weg für die Erweiterung eines Systems eröffnet.

Eine abgeleitete Klasse kann wieder eine abstrakte Klasse sein, wenn für eine in der Basisklasse als pure-virtual definierte Funktion keine Implementierung vorliegt. Eine abstrakte Klasse kann nicht als Parametertyp oder als Funktionsrückgabetyp verwendet werden. Es ist jedoch möglich, Zeiger auf eine abstrakte Klasse zu deklarieren. Wenn zur Initialisierung kein temporäres Objekt benötigt wird, sind Referenzen auf eine abstrakte Klasse erlaubt. Dazu ein Beispiel für die Definition einer abstrakten Klasse und deren Verwendung:

```
class figur {                               // abstrakte Klasse
  punkt mitte;
 ........
 public:
  verschieben(point p) { mitte = p; zeichnen(); }
  virtual void drehen(int) = 0;             // drei pure-virtuelle Funktionen
  virtual void zeichnen() = 0;
  virtual void löschen() = 0;
 .......
};

figur x;           // Fehler: versuchte Erzeugung eines Objektes einer
                   // abstrakten Klasse
figur *zeig;       // zulässiger Zeiger auf abstrakte Klasse
figur f();         // Fehler: abstrakte Klasse darf kein Ergebnistyp sein
int f(figur s);    // Fehler: abstrakte Klasse kann kein Funktionspara-
                   // metertyp sein
```

Für die eben eingeführte Klasse **figur** wird eine abgeleitete Klasse **kreis** definiert:

```
class kreis: public figur {
 int radius;
public:
 void drehen(int) { }    // definiert die pure-virtuelle Funktion drehen
                         // von der abstrakten Klasse figur, die keine
                         // Aktion bewirkt
 void zeichnen();        // kreis::zeichnen muß anderswo definiert werden
 void löschen() = 0;     // löschen redeklariert als pure
}
```

Da in unserem Beispiel die abgeleitete Klasse **kreis** mit Absicht nicht für alle als **pure** deklarierten virtuellen Funktionen eine Definition bereitstellt (**löschen** wurde wieder als **pure** deklariert) ist die Klasse **kreis** wiederum eine abstrakte Klasse.

9.6 Virtuelle Basisklassen

Wie im Abschnitt 8.5.2 beschrieben, werden bei mehrfacher Vererbung die Instanzvariablen von den gemeinsamen Oberklassen - z.B. **boot** - mehrfach angelegt. Im Fall von **motorsegler** kann es durchaus sinnvoll sein, daß er bei der jeweiligen Betriebsart eine andere Höchstgeschwindigkeit hat. Bei anderen Problemen ist dieses Verhalten mit mehrfacher Instanziierung oft nicht erwünscht. Die mehrfache Instanziierung ist sowohl wegen des erhöhten Platzbedarfs, als auch wegen der entstehenden Mehrdeutigkeiten (Seite 164 - welche **Maxge** soll z.B. mit **msb.druckeboot()** ausgegeben werden?) nicht immer vorteilhaft.

Zusätzlich erfordert die dort vorgeschlagene Lösung mit einem qualifizierten Namen (**segelboot::druckeboot()**) vom Programmierer Detailkenntnis über den Aufbau der Oberklassen einer Klassenhierarchie. Diese sind zum einen nicht immer vorhanden, zum anderen widerspricht diese

Vorgehensweise stark der problemlosen Verwendbarkeit bestehender Klassen.

Um diesen impliziten Vererbungsmechanismus zu umgehen, ist ein Konzept notwendig, welches gemeinsame Basisklassen in einer Ableitungshierarchie spezifizieren kann, so daß folgende Struktur erreicht wird, d.h. **motorsegler** soll nur einmal die Elemente der gemeinsame Oberklasse **boot** erben:

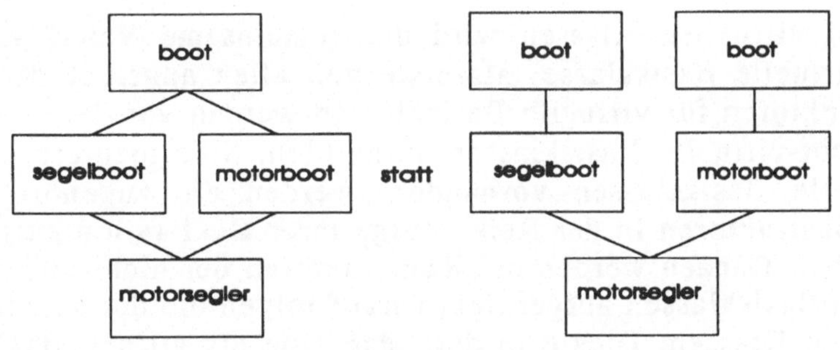

Bild 10

Abhilfe schafft hier die Verwendung von virtuellen Basisklassen. Dabei werden vererbte Instanzen von gemeinsamen Oberklassen auch bei mehrfacher Vererbung immer nur einmal in der aktuellen Instanz angelegt. Der Zugriff auf die Member ist dann nicht mehr mehrdeutig. Eine virtuelle Basisklasse wird - wie bereits bekannt - mittels des Schlüsselwortes **virtual** spezifiziert:

```
class motorboot: virtual public boot { .... };
class segelboot: public virtual boot { .... };
```

boot wird durch diese Definitionen eine virtuelle Basisklasse von **motorboot** und **segelboot**. Die Stellung der Schlüsselwörter **virtual** und **public/private** ist dabei untereinander beliebig. Die Zugriffsrechte bezüglich öffentlicher und privater Ableitungen sind die gleichen wie bei nicht-virtuellen Implementationen. Für den Fall, daß z.B. **motorsegler** sowohl eine öffentliche als auch eine private Instanz der virtuellen Basisklasse beinhaltet (siehe oben), hat der öffentliche Teil automatisch den Vorrang.

In unserem Beispiel wird damit für eine Instanz von **motorsegler** die Variable **Maxge** aus **boot** nur einmal angelegt. Daher gibt es für alle Antriebsarten nur eine maximale Geschwindigkeit **Maxge**.

Bei virtuellen Klassen wird die gemeinsame Vaterklasse (virtuelle Basisklasse) als erste von allen angelegt. Konstruktoren für virtuelle Basisklassen werden vor denen für nicht-virtuelle Basisklassen aufgerufen. Sind mehrere virtuelle Basisklassen vorhanden, werden die zugehörigen Konstruktoren in der Reihenfolge ihrer Deklaration aufgerufen. Danach werden die Konstruktoren der nicht-virtuellen Basisklassen aufgerufen, darauf folgen die der abgeleiteten Klassen. Dies erfordert, daß eine als virtuell deklarierte Basisklasse - falls sie überhaupt Konstruktoren definiert - entweder einen Konstruktor ohne Argumente oder einen Konstruktor mit Default-Argumenten spezifizieren muß. Dies ist jedoch die einzige notwendige Änderung, will man eine Klasse zu einer virtuellen Basisklasse machen.

```
class segelboot: virtual public boot {
  int segelflaeche;
public:
  segelboot(int);
  virtual void druckeboot();
};

class motorboot: virtual public boot {
  int PS;
public:
  motorboot(int);
```

```
  virtual void druckeboot();
};

class motorsegler: public segelboot, public motorboot {
  int anz_batterien;
public:
  motorsegler(int);
  virtual void druckeboot();
};
```

Die grafische Übersicht der Instanz **msb** der Klasse **motorsegler** sieht jetzt so aus (siehe Abschnitt 8.5.2):

Objekt msb
boot: Maxge ......
segelboot: segelfläche ....
motorboot: PS ......
motorsegler: anz_batterien ....

Bild 11

In der Realität wird bei virtuellen Klassen die gemeinsame Oberklasse nicht in der Instanz angelegt, stattdessen enthält jede Unterklasse einen Zeiger auf den virtuellen Basisklassenanteil. Folgende Grafik verdeutlicht dies:

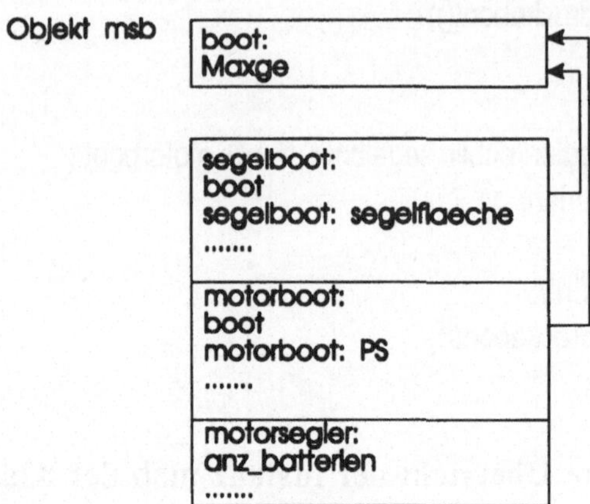

Bild 12

Die Implementierung der Konstruktoren, Methoden und des Hauptprogramms wird nun aus den genannten Gründen teilweise überarbeitet. Insbesondere betrifft dies die Konstruktoren für die Unterklassen von **boot**, also **segelboot** und **motorboot**.

```
boot::boot(int i)
{
 Maxge = i;
}

segelboot::segelboot(int i)
{
 segelflaeche = i;
}

motorboot::motorboot(int i)
{
 PS = i;
}
```

Der bisher verwendete Initialisierer **:boot(ho)** für die Konstruktoren der abgeleiteten Klassen kann nun nicht mehr angewandt werden. Wie bereits erwähnt wird die gemeinsame Vaterklasse als erste vor allen Instanzen angelegt. Die Initialisierung der virtuellen Basisklasse kann nur von der untersten abgeleiteten Klasse aus erfolgen. Zum Beispiel:

```
motorsegler::motorsegler(int i): segelboot(15),motorboot(35), boot(12);
{
 anz_batterien = i;
}

void boot::druckeboot() {
 cout << Maxge << " Knoten\n";
}

void segelboot::druckeboot() {
 boot::druckeboot();
 cout << Segelfläche << " qm\n";
}

void motorboot::druckeboot() {
 boot::druckeboot();
 cout << PS << " PS\n";
}

void motorsegler::druckeboot() {
 segelboot::druckeboot();
 motorboot::druckeboot();
 boot::druckeboot();
 cout << anz_batterien << " Batterien\n";
}
```

Hier kann der Aufruf von **boot::druckeboot()** problemlos verwendet werden. Durch die Deklaration der virtuellen Basisklasse ist die Memberfunktion eindeutig.

```
main() {
 motorsegler msb(2);
 msb.druckeboot();
}
```

Dann liefert das Programm die Ausgabe:

```
12 Knoten
15 qm

12 Knoten
35 PS

12 Knoten
2 Batterien
```

Durch die Deklaration **motorsegler msb(2)** wird eine Instanz von **motorsegler** angelegt. Die Variable **anz_batterien** wird mit **2** initialisiert. Zugleich kann im Konstruktor von **motorsegler** auch die virtuelle Basisklasse über **boot(12)** initialisiert werden. Außerdem werden natürlich, wie auch im vorherigen Beispiel, die Konstruktoren der zwei Oberklassen **segelboot** und **motorboot** mit den entsprechenden Parametern (15) und (25) versehen.

Selbstverständlich können auch Mischformen von virtuellen Basisklassen und nicht virtuellen Basisklassen produziert werden. Dabei wird dann für alle virtuellen Instanzen zusammen eine gemeinsame Basisklasse angelegt und für jede nicht virtuelle Instanz eine separate Basisklasse. Damit lassen sich gut an die aktuelle Aufgabenstellung angepaßte Problemlösungen realisieren.

10 Überladen von Operatoren

Alle Datentypen besitzen eine Kollektion von Operationen, die auf ihnen durchgeführt werden können. Die meisten Operationen auf benutzerdefinierten Typen wurden in den bisherigen Beispielen als Elementfunktionen implementiert. Die Operatoren sind eine weitere Möglichkeit, Operationen zu repräsentieren - für einige Datentypen sogar die natürlichste Darstellung. Um einen benutzerdefinierten Typ komplett in die Sprache zu integrieren, ist es erforderlich, daß Operatoren für bestimmte Datentypen eine spezielle Bedeutung erhalten.

In C++ können die Aktionen der meisten Operatoren so umdefiniert (überladen) werden, daß sie bei der Verwendung mit Objekten einer bestimmen (selbstdefinierten) Klasse spezielle Funktionen ausführen. Wie bei allen überladenen C++-Funktionen bestimmt auch hier der Compiler durch die Anzahl, den Typ und die Reihenfolge der Argumente, welche Funktion er anrufen soll. Das Überladen von Operatoren erlaubt die Verwendung der Standard-Operatoren auch für benutzerdefinierte Datentypen (Klassen). Dazu wird eine sogenannte Operator-Funktion definiert, mit der der Benutzer die Funktionalität eines Operators für bestimmte Datentypen festlegen kann. Typische Anwendungsgebiete sind beispielsweise Operatoren für Matrizenoperationen, Stringoperationen, komplexe Arithmetik oder geometrisches Modellieren.

In diesem Kapitel werden wir uns beschäftigen mit :

- der Definition überladener Operatoren
- der Überladung von Standardoperatoren
- und einiger ihren Einsatzmöglichketen

10.1 Definition von Operatorfunktionen

Es dürfen nur die vordefinierten C++-Operatoren (Standardoperatoren) überladen werden. Der Entwickler einer Klasse kann keine neuen Operatoren (wie zum Beispiel "**" für die Exponentiation) einführen. Bis auf die folgenden Operatoren ::, .*, . und ?: sowie die Präprozessor-Symbole # und ## ist das Überladen für alle in der folgenden Tabelle enthaltenen Operatoren erlaubt:

```
-----------------------------------------------------------------
+     -     *     /     %     ^     &     |
~     !     ,     =     <     >     <=    >=
++    --    <<    >>    ==    !=    &&    ||
+=    -=    /=    %=    ^=    &=    |=    *=
<<=   >>=   [ ]   ( )   ->    ->*   new   delete
-----------------------------------------------------------------
```

Die Syntax der Deklaration/Definition einer Operator-Funktion unterscheidet sich von normalen Funktionsdefinitionen. Der Funktionsname besteht aus dem Schlüsselwort **operator**, gefolgt von einem Operator-Symbol, wiederum gefolgt von der Argumentenliste und dem Funktionsrumpf. Steht + für das Operator-Symbol, so lautet die Syntax für eine Nicht-Elementfunktion:

```
Ergebnistyp operator+(Argumentenliste) { Funktionsrumpf }
```

und für eine Elementfunktion:

```
Ergebnistyp classname::operator+(Argumentenliste) { Funktionsrumpf }
```

Durch diese Definition der Funktion **operator+** bekommt der Operator + eine neue Bedeutung, aber er kann weiter in der üblichen Weise verwendet werden. Die vordefinierte Bedeutung eines Operators für die Standarddatentypen darf nicht aufgehoben werden.

Durch die Anzahl der in der Argumentenliste angegebenen Parameter wird spezifiziert, ob es sich um eine binäre oder unäre Operator-Funktion (Operator) handelt. Wie bereits gesagt kann eine Operator-Funktion entweder als eine Elementenfunktion in einer Klasse oder außerhalb einer Klasse definiert werden. Als Elementfunktion enthält die Operator-Funktion aufgrund des impliziten Zeigers **this** ein Argument weniger als eine entsprechende Nichtelementfunktion. Element- und Nichtelementdefinitionen des zweistelligen Operators + für eine Klasse **komplex** sehen zum Beispiel so aus:

```
class komplex
{
  double re, im;
public:
  komplex(duoble r, double i)
  {
    re = r;
    im = i;
  }
  ......
}

komplex operator+(komplex z1, komplex z2)        // Nichtelementfunktion
{
  return(z1.re + z2.re, z1.i + z2.i);
};

komplex komplex::operator+(komplex z2)            // Elementfunktion
{
  return(re + z2.re, i + z2.i);  // identisch mit return(this.re+z2.re,this.i+z2.i)
}
```

Die Syntax der Ausdrücke zum Aufruf der Element- und Nichtelementinstanzen ist gleich.

```
main()
{
 komplex a = komplex(3.1, 1);
 komplex b = komplex(2, 1.2);
 komplex c = b;
 a = b + c;
 ......
}
```

So bewirkt der Ausdruck **b + c** den Aufruf der Funktion **operator+(b,c)**, falls **operator+** als **friend**-Funktion deklariert ist, damit die privaten Elemente des Objektes manipulierbar sind, und den Aufruf der Funktion **b.operator+(c)**, falls **operator+** eine Elementfunktion ist. Die Operator-Funktionen können auch direkt aufgerufen werden:

```
a = b.operator+(c);
a = operator+(b,c);
```

Ferner gehorchen auch die Operator-Funktionen den angegebenen Zugriffsregelungen (public/ protected/ private), wenn sie als Elementfunktionen deklariert sind. Mit Ausnahme des Zuweisungs-Funktionsoperators =() werden alle überladenen Operator-Funktionen für die Klasse **X** an die von **X** abgeleiteten Klassen vererbt. Dabei gelten die Auflösungsregeln wie für überladene Funktionen. Wenn **X** eine Basisklasse für **Y** ist, kann eine überladene Operator-Funktion für **X** möglicherweise nochmals für **Y** überladen werden.

Das Überladen von Operator-Funktionen ist auch möglich. Hierbei müssen sich die einzelnen Funktionen in ihren Signaturen (Argumentenlisten) unterscheiden. Ein Beispiel für die Klasse **komplex** wäre:

```
komplex operator+(komplex, int);
komplex operator+(int, komplex);
```

Eine Operator-Funktion (überladener Operator) darf nur im Kontext einer Klasse deklariert werden und muß mindestens ein u.U. implizites Argument vom Klassentyp haben. Das letzte gilt für alle Operator-Funktionen, abgesehen von **new** und **delete**, die eigene Regeln haben.

Weitere wichtige Hinweise in Zusammenhang mit den überladenen Operatoren:

- Die Prioritätsregelung für Operatoren (siehe Anhang A) kann nicht geändert werden. So hat beispielsweise der Operator * Vorrang vor dem Operator +.

- Die Zahl der Argumente eines Operators kann nicht geändert werden. So kann z.B. der binäre Operator + nicht als ternärer Operator umdefiniert werden.

- Die vier Operatoren +, -, *, & können sowohl als unäre (1-stellige) als auch als binäre (2-stellige) redefiniert werden,

- Die folgende Operatoren können nur als Elementfunktionen der entsprechenden Klasse dedefiniert werden:

  = Zuweisungsoperator
  [] Indexoperator
  () Funktionsaufrufoperator
  -> Zeigerzugriffsoperator

  Dies gilt auch für den Operator ->*. Mit dem Überladen einiger dieser Operatoren werden wir uns noch eingehender im nächsten Abschnitt 10.2 beschäftigen.

- Beim Überladen der Operatoren -- und ++ wird keine Unterscheidung der Auswertungsreihenfolge zwischen Präfix- und Postfix-Notation vorgenommen. Die Semantik eines Ausdrucks wie z.B. **++a** oder **a++** hängt jetzt von der vom Programmierer definierten Operator_Funktion ab. Die Auswertung eines solchen Ausdrucks erfolgtalso nicht mehr zweiteilig wie bei der Verwendung auf vordefinierten Typen mit Auswertung und Implementierung, sondern analog der Ausführung der Operator-Funktion. Insbesondere entspricht der Wert dieses Ausdrucks dem Ergebnis, das die Funktionen liefert.

- Ein Operator, der als linken Operanden einen anderen Klassentypen angibt, darf nicht als Elementfunktion deklariert werden, sondern muß als Friend-Funktion angegeben werden. Dies ist beispielsweise beim Überladendes +-Operators der Klasse **komplex** notwendig.

```
a + 2          // legal
2 + a          // nicht legal
```

Eine **friend**-Funktion erlaubt beide Kombinationen (vgl. Kapitel 10.3).

Sicherlich ist die Überladung von Operatoren, wie die folgenden Kapitel eindeutig zeigen, sehr nützlich. Man sollte aber recht behutsam von dieser Möglichkeit Gebrauch machen. Obwohl die Bedeutungen von Operatoren für fundamentale Typen nicht verändert werden können, ist es für selbsdefinierte Typen möglich, zum Beispiel einen Operator + mit der Bedeutung von Minus zu definieren. Dies wird aber auf keinen Fall zu der Lesbarkeit und dem Verständnis eines Programms beitragen. Generell sollten Operator-Zeichen nur mit gleicher oder wenigstens ähnlicher Bedeutung wie der, die man von den eingebauten Datentypen kennt, verwendet werden. Ist dies nicht möglich, sollte eher ein Funktionsaufruf verwendet werden.

10.2 Überladen spezieller Operatoren

In diesem Kapitel wird die Überladung einiger spezieller Operatoren wie [], (), ->, =, **new** und **delete** und im Kapitel 11.4 die der Ein- und Ausgabeoperatoren << und >> erläutert.

Operator []

Ein bekanntes Problem in C++ genauso wie in C ist, daß der Programmierer auf beliebige Speicherbereiche zugreifen kann, wie zum Beispiel

```
int vek[4];
vek[6] = 2;                    // dieser Speicherbereich gehört nicht zum Feld.
```

ohne eine Fehlermeldung vom Compiler zu erhalten.

Abhilfe für solche unerwünschten Situationen wäre die Prüfung der Zulässigkeit des Feldzugriffs. Für die Klasse **vektor** in unserem Beispiel kann dies durch das Umdefinieren (Überladen) des Indexoperators [ ] für diese Klasse erreicht werden.

```
class vektor {
  float vek[4];
public:
  float& operator[ ](int i);
  .........
};

float& vektor::operator[ ](int i)
{
  if ((0 < =i) && (i <= 3)) return (float&) vek[i];
else
```

```
  {
   cout << "Index i außerhalb"......
   exit(1);
  }
 }
```

Ein weiterer Anwendungsfall für das Überladen des Indexoperators [ ] wäre die Klasse **matrix**, die ihrerseits Elemente vom Typ **vektor** enhält. Damit kann der Zugriff auf Objekte der **matrix**-Klasse wie gewohnt bei mehrdimensionalen Matrizen angeben werden. Ein Überladen der Operatorkombination [ ][ ] ist direkt nicht möglich. Zum Beispiel:

```
class matrix
{
 vektor mat[4];
public:
 vektor& operator[ ](int erster_index);          // Deklaration
 ......
};
```

Damit ist folgendes erlaubt

```
matrix m;
m[1][3] = 5;
```

Die Angabe von **m[1][3]** bewirkt jetzt den Aufruf der Operator-Funktion der Klasse **matrix** durch **m.operator[](1)**. Dieser Funktionsaufruf liefert bei Einhaltung der Indexgrenzen als Ergebnis ein Objekt vom Typ **vektor&**. Mit diesem Ergebnis wird dann die Operator-Funktion der Klasse **vektor** aufgerufen. Also erfolgt insgesamt der Aufruf von **(m.operator[](1)).operator[](3)**.

Operator ()

Eine wichtige Möglichkeit für die Datenabstraktion in Kollektionen von Elementen, wie Listen, Vektoren oder Zeichenketten, stellt der Iterator dar. Ein Iterator erlaubt das Durchlaufen aller Elemente einer Klasse. Jeder Aufruf des Iterators liefert das jeweils "nächste" Element oder 0 (oder ein anderes geeignetes Kennzeichen des letzten Elementes), wenn alle Elemente zurückgegeben wurden. Der Operator für Funktionsaufrufe () bietet eine bequeme Syntax zur Implementierung eines Iterators. Wir werden den Aufbau und die Verwendung des Iterators am Beispiel einer doppelt verketteten Liste **dlist** mit Objekten der Klasse **l_element** als Listenelemente darstellen, die so aussehen können:

```
class l_element {
  l_element *vor;
  int element;
  l_element *nach;
public:
  l_element(l_element *v, int e, l_element *n)
    { vor = v; element = e; nach = n; }
  l_element* get_vor( ) { return vor; }
  int get_element( ) { return element; }
  l_element* get _nach ( ){ return nach; }

  void set_vor(l_element *v) { vor = v; }
  void set_element(int e) { element = e; }
  void set_nach(l_element *n) { nach = n; }
};

class dlist {
  l_element *akt, *kopf, *ende;
  friend class dlist_Iterator;
public:
```

```
 dlist()
 ~dlist();                              // kann auch entfallen, da leer
 void  ein_element(int element);
 int   loes_element();
 void  ausgabe_list();
}
```

Diese beiden Klassen können jetzt um eine Klasse **dlist_Iterator**, die als **friend** von **dlist** deklariert wird, erweitert werden. Die Klasse **dlist_Iterator** sieht so aus:

```
class dlist_Iterator {
 dlist *aktlist;
 l_element *index;
public:
 dlist_Iterator(dlist*);
 l_element* operator()();
};
```

dlist_Iterator benötigt als Instanzvariable einen Zeiger auf die aktuelle Liste **dlist* aktlist** und einen Index des aktuell ermittelten Elementes **l_element* index**.

```
dlist_Iterator:: dlist_Iterator(dlist* ak)
{
 aktlist = ak;
 index = aktlist->kopf;
}
```

Der Konstruktor der Iteratorklasse initialisiert die Liste **aktlist** mit dem aktuellen Parameter **ak** und setzt das erste Element auf den Anfang der Liste.

```
l_element* dlist_Iterator::operator()() {
 if (index == 0) return 0;
 else
```

```
  {
   l_element *h = index;
   index = index->get_nach();
   return h;
  }
 }
```

Der Iterator liefert bei jedem Aufruf das aktuelle Element aus der Liste und schaltet die Liste mit **get_nach()** um ein Element weiter. Am Listenende bzw. bei einer leeren Liste wird 0 als Wert zurückgegeben.

Bis auf die Methode **ausgabe_list**, die den neuen Iterator benutzen soll, wird auf Definitionen an dieser Stelle verzichtet. **dlist_Iterator next(diese)** erzeugt eine Instanz der Klasse **dlist_Iterator** und übergibt als aktuelle Liste die eigene Instanz **diese**. Jeder Aufruf des Operators () mit **next()** liefert als Ergebnis das nächste Listenelement aus der Liste. Damit können die Elemente einer Klasse wie Funktionen verwendet werden:

```
void dlist::ausgabe_list()
{
 dlist_Iterator next(diese);
 lelement *a;
 while (a = next())
  { cout << a->get_element() << " ";}
}
```

Ein Iterator, wie er hier definiert ist, ist wesentlich flexibler als eine Schleife, da die Aufrufe an jeder beliebigen Programmstelle problemlos erfolgen können. Zum Beispiel

```
main() {
char c;
int i;
```

```
class dlist l;
c = ' ';
while (c != q')
 cout << "\n Kommando (e, l, a, f, v): ";
 cin >> c;
 switch(c); {
   case 'e':
        cout << "\n    Inhalt: ";
        cin >> i;
        l.ein_element(i);
        break;
   case 'l':
        i = l.loes_element();
        if (i != 0)
          cout << "\n Gelöscht  " << i;
        break;
   case 'a':
        cout << " << ";
        l.ausgabe_list();
        cout << " >> ";
        break;
 };
};
```

Die Operator-Funktion für den Funktionsaufruf-Operator kann nur als nicht-statische Mitgliedfunktion aufgerufen werden.

Operator =

Wird einem Klassenobjekt ein anderes zugewiesen, so geschieht dies über ein memberweises Kopieren, ähnlich dem memberweisen Initialisieren (vgl. Kapitel 7.2.2). Wenn Zeiger Mitglieder einer Klasse sind, kann dies unerwünscht sein, da nach der Zuweisung die Zeiger in den

Klassen auf den gleichen Speicherbereich verweisen. Bei der Initialisierung wurde das Problem durch einen zusätzlichen Konstruktor von der Art **X& X::X(const X&)** gelöst. Ähnlich wie dort (Kapitel 7.2.2) können wir auch hier die memberweise Zuweisung vom Compiler umgehen, indem wir implizit eine Funktion vom Typ **X& X::operator=(const X&)** definieren, d.h. wir überladen den Operator = für die Objekte dieser Klasse. Die Definition dieser Funktion enthält jetzt die memberweise Zuweisung. Für unsere Klasse **buch** sieht dies z.B. so aus

```
class buch {
 char *titel;
 char *autor;
 int seiten;
public:
 buch(int l = 0); !
 ~buch();
 void operator=(buch&);
};
```

Der Konstruktor und der Destruktor werden genauso wie im Abschnitt 7.2.2 und der überladene Operator = auf folgende Weise definiert:

```
buch& buch::operator=(buch& b)
{
 if (titel == b.titel) && (autor == b.autor)
   return *this;
 strcpy(titel,b.titel);
 strcpy(autor,b.autor);
 seiten = b.seiten;
 return *this;
}
```

Durch Überladen des Operators = läßt sich nun erreichen, daß bei einer Zuweisung nicht mehr die vom Compiler implizit definierte Funktion aufgerufen wird, sondern die vom Programmierer spezifizierte Funktion. Die Funktion wird bei jeder Zuweisung aufgerufen, nicht aber bei der Initialisierung (siehe Abschnitt 7.2.2).

Operator ->

C++ Version 2.0 erlaubt auch das Überladen des Zugriffsoperators ->. Dies wird manchmal mit dem Begriff 'smart pointer' bezeichnet. Der Operand muß entweder ein Klassenobjekt oder eine Referenz eines Klassenobjektes sein. Der Operator -> wird als einstelliger Operator überladen. und darf nicht als statisches Element deklariert werden. Der Ergebnistyp der Operator-Funktion muß ein Zeiger auf ein Klassenobjekt oder ein Klassenobjekt sein, in dem der Operator -> überladen ist. Ein Beispiel:

```
class z_kette
{
 char *str;
 int laenge;
public:
 lies_laenge()
 {
  return laenge;
 }
 ....
};

class z_kette_operation
{
 z_kette *s;
public:
 z_kette* operator->();
```

```
 .....
};

z_kette* z_kette_operation:: operator->()
{
 if (!s)
 return s;
}

main()
{
 z_kette_operation a;
 z_kette_operation& b;
 z_kette_operation *c;

 int i;
 i = a->lies_laenge();             // entspricht a.s->lies_laenge()
 i = b->lies_laenge();             // entspricht b.s->lies_laenge()
 i = c->lies_laenge();             // Fehler
 }
```

Bei der letzten Zuweisung wird der Zugriffsoperator weder auf ein Klassenobjekt noch auf eine Referenz eines Klassenobjektes angewendet, sondern auf einen Zeiger auf ein Klassenobjekt (hier **c**). In diesem Fall ist der Compiler nicht in der Lage, zwischen dem vordefinierten Zugriff, der für jeden Zeiger definiert ist, und der Operator-Funktion **->** zu unterscheiden.

Wenn eine Anweisung wie

```
 X->mem();
```

im Programmtext erscheint wird **X** untersucht, um den Typ zu ermitteln. Ist **X** ein Zeiger auf eine Klasse, dann wird durch diese Anweisung die normale Elementselektion aufgerufen. Wenn **X** eine Instanz oder eine Referenz eines Klassentyps ist, wird diese Klasse nach einem überladenen Zugriffsoperator durchsucht. Falls keine solche Überladung definiert ist, wird diese Anweisung als Fehler erkannt, da ein Klassenobjekt oder eine Referenz normalerweise den Zugriffsoperator **.** verwendet; andernfalls wird die Operatorfunktion an **X** gebunden und aufgerufen. Falls der Ergebnistyp ein Zeiger auf einen Klassentyp ist, wird die normale Elementselektion vorgenommen. Ist der Rückgabetyp aber weder Klassenobjekt noch Klassenreferenz, wird der Prozeß so lange rekursiv fortgesetzt, bis ein Zeigertyp zurückgegeben wird, oder die Anweisung ist ein Fehler. Ein so verwendeter Elementzugriffsoperator wird manchmal auch als intelligenter Zeiger bezeichnet.

Operatoren new und delete

Ab Version 2.0 von C++ kann eine Klasse durch Überladen der Operatoren **new** und **delete** ihre eigene Speicherverwaltung übernehmen. Falls sie als Elementfunktionen überladen werden, werden **new** und **delete** anstelle der Standardinstanzen aufgerufen.

Hierbei ist zu berücksichtigen, daß das erste Argument der Operator-Funktion **new** vom systemspezifischen Typ **size_t** und das Ergebnis der Funktion vom Typ **void*** sein muß. Das Argument **size_t**, in der Deklarationsdatei **stddef.h** (einbinden nicht vergessen!) deklariert, wird automatisch vom Compiler mit der Größe des Klassentyps in Bytes initialisiert. **size_t** ist meistens vom Typ **long int** oder **unsigned int**. Beim **delete**-Operator muß das erste Argument vom Typ **void*** sein; ein zweites Argument vom Typ **size_t** ist möglich, es wird, wenn angegeben, nicht vom Programm, sondern vom Compiler mit der Größe des als erstes Argument übergebenen Objekts besetzt. Eine Beschränkung für den **Return**-Typ der Operator-Funktion **delete** gibt es nicht. In der Praxis wird häufig der Ergebnistyp

void verwendet. Im wesentlichen ist also folgendes erlaubt:

```
void*  Klassenname :: operator new (size_t [, weitere Parameter]);
Typ    Klassenname :: operator delete (void* [parameter vom Typ
       size_t]);
```

Eine typische Anwendung für das Überladen der Operatoren **delete** und **new** ist die Realisierung einer eigenen Speicherverwaltung für Listen und ähnliche Strukturen, um freigegebene Listenelemente in einer Liste freien Speichers einfügen und bei Bedarf wieder entnehmen zu können. Hierdurch kann es teilweise zu erheblichen Laufzeiteinsparungen kommen, da die Anzahl der Aufrufe von Systemfunktionen zur Speicheranforderung und -freigabe verringert wird.

```
class liste { ........};
void* liste :: operator new (size_t groesse) {
.....
}

void liste:: operator delete(void* p) {
.....
}
```

Es können auch weitere Instanzen des Operators **new** definiert werden, sofern jede eindeutig zu unterscheiden ist. Durch Überladen des **new**-Operators lassen sich allerdings nur Klassenobjekte dynamisch generieren, nicht jedoch Vektoren von Klassen.

```
liste *li = new liste;           // Aufruf der Operator-Funktion new der
                                 // Klasse liste
liste *liv = new liste[100];     // Aufruf der vordefinierten Operator-
                                 // Funktion ::new
```

Bei der Anwendung von **new** auf den Klassennamen überprüft der Compiler, ob die Klasse eine eigene Instanz angegeben hat. Ist dies der Fall, wird diese Instanz verwendet, ansonsten wird die standardmäßig definierte, globale Instanz angewendet. Die vordefinierte (globalen) Standardinstanzen **new** und **delete** können weiterhin im Gültigkeitsbereich von **li** verwendet werden, z.B.:

```
liste *li = :: new liste;
```

new und **delete** sind statische Elementfunktionen, gleichgültig, ob sie extra mit **static** definiert sind oder nicht; sie besitzen somit keinen **this**-Zeiger (siehe Abschnitt 7.1) und können keine virtuelle Funktionen sein.

10.3 Typkonvertierung für benutzerdefinierte Datentypen

Betrachten wir rückblickend das letzte Beispiel von Kapitel 10.1. Dort haben wir gesagt, daß der Ausdruck **a + 2** legal, aber unter Umständen gefährlich ist, weil der Compiler natürlich nicht automatisch eine Typkonvertierung von **2** in den selbstdefinierten Typ der komplexen Zahlen vornehmen kann.

Das Überladen von Operatoren kann auch problemlos für explizite Typkonvertierung verwandt werden. Dabei können für die gewünschten Typkonvertierungen die entsprechenden Kombinationen von Operationen eingesetzt werden. Zum Beispiel:

```
class komplex
{
  double re, im;
public:
```

```
    komplex(double r, double i)
    {
      re = r;
      im = i;
    }
    friend komplex operator+(komplex, komplex);
    friend komplex operator+(int, komplex);
    friend komplex operator+(komplex, int);
  }

  main()
  {
   komplex a(3.1, 1);
   komplex b = komplex(2.0, 1.2);
   b = a + 2 + b;                      // ruft zuerst +(komplex,int), dann
                                       // +(komplex, komplex) auf
   b = 3 + a + komplex(2,2.2) +2;      // +(int,komplex), +(komplex,komplex)
                                       // und +(komplex,int)
```

Je nach aktueller Parameterkombination (komplex oder int) wird nun der jeweils zu verwendende Operator ausgewählt. Der Nachteil dieser Lösung liegt offensichtlich in der entstehenden Vielzahl von überladenen Operatoren, da ja für alle Kombinationen von Parametertypen je ein überladener Operator vorhanden sein muß.

Durch Verwendung von überladenen Konstruktoren kann dieser Nachteil gemildert werden. Die implizite Initialisierung eines Typs erfolgt durch entsprechende Konstruktoren:

```
komplex(double r, double i)     { re = r; im = i;}
komplex(int i)                  { re = i; im = 0;}
```

Eine noch einfachere Lösung bietet die Verwendung von voreingestellten Werten bei der Konstruktor-Definition. Zum Beispiel:

```
komplex(double r = 0, double i = 0) {re = r; im = i;}
```

Damit schrumpft zum einen die Klassendefinition, zum anderen können wir das vorherige Hauptprogramm folgendermaßen neu entwerfen:

```
class komplex
{
  double re, im;
public:
  komplex(duoble r = 0, double i = 0) { re = r; im = i;}
  friend komplex operator+(komplex,komplex);
  friend komplex operator*(komplex,komplex);
  ............
}

main()
{
 komplex a(3.1,1);
 komplex b = komplex(2);          // implizite Konvertierung int -> double,
                                  // dann wird komplex(2.0) aufgerufen
komplex c = 4;                    // wird implizit komplex(4.0) aufgerufen
 a = c * b + 3 + a;
}
```

Im obigen Beispiel wurde die Konvertierung von 2 in der Zielklasse **komplex** über einen Konstruktor **komplex(int)** definiert, der ein Objekt der Argumentklasse **int** als einziges Argument nimmt. Der Typ der Argumentklasse kann durchaus auch benutzerdefiniert sein. Die Argumentklasse muß entweder geeignete Zugriffsmethoden zur Verfügung stellen oder die Zielklasse als **friend** deklarieren und ihr somit den Zugriff auf die Daten erlauben. Folgendes Beispiel demonstriert die Konvertierung zwischen zwei selbstdefinierten Datentypen:

```
class A;                // unvollständige Deklaration von A, damit der
                        // Compiler in B weiß, daß es sich um einen legalen
                        // class-Namen handelt
class B {
 float b1, b2;
public:
 B(float x1 = 0.0, float x2 = 0.0) {
   b1 = x1; b2 = x2;
 }
 B(A &);                            // Typkonvertierungskonstruktor
 float f1() {return b1};            // Zugriffsfunktionen
 float f2() {return b2};
};
class A {
  int a1, a2;
public:
 A(int y1 = 0, int y2 = 0) {
   a1 = y1; a2 = y2;
 }
 A(B &);                            // Typkonvertierungskonstruktor
friend B::B(A &);                   // erlaubt Zugriff auf private Daten
};

// Dieser Konstruktor hat als friend-Funktion die Erlaubnis,
// private Daten von A zu lesen.
  B::B(A &ae){
  b1 = ae.a1;
  b2 = ae.a2;
}

// Dieser Konstruktor verwendet die Zugriffsfunktionen
// von B, um die privaten Daten der Klasse zu lesen
A:: A(B &be) {
  a1 = (int)be.f1();
```

```
  a2 = (int)be.f2();
 }

 void funk1(B be) { };
 void funk2(A ae) { };

 main() {
 B bel;
 A ael;
 ael = bel;               // ruft A::A(B &) auf
 bel = ael;               // ruft B::B(A &) auf
 funk1(ael);              // ruft B::B(A &) auf
 funk2(bel);              // ruft A::A(B &) auf
 }
```

Im Sinne einer weitgehenden Angleichung selbsdefinierter Datentypen an eingebaute Datentypen unterstützt C++ die Überladung des Konvertierungsoperators (siehe Kapitel 3.4.2). Sie können einen Konvertierungsoperator definieren, der ein Objekt Ihres Datentyps in einen anderen Datentyp - eingebaut oder selbstdefiniert - umwandelt. In diesem Fall muß der Konvertierungsoperator als Member-Funktion der Argumentklasse definiert sein. Ein Konvertierungsoperator hat folgenden allgemeinen Aufbau:

```
operator <Typ> ();
```

wobei Vektoren und Funktionen als **Typ** nicht zugelassen sind. Hier ein Beispiel dazu:

```
class nummer {
 double f;
public:
nummer(double x = 0.0) { f = x) }
 operator int()              // Der Funktionsname legt den Funktionswert
{                            // fest und führt die Standardkonvertierung
```

```
 nummer(double x = 0.0) { f = x) }
 operator int()              // Der Funktionsname legt den Funktionswert
 {                           // fest und führt die Standardkonvertierung
   return (int)f;            // nummer -> int durch
 }
};

class nummer2 {
 int i;
public:
 nummer2(int x = 0) { i = x;}
 operator nummer()              // Konvertierung nummer2 -> nummer
 {
  return nummer((double)i);
 }
};

void beispiel(nummer y) { }

main() {
 nummer n(7.9);
 nummer2 n2(22);
 int x = n;               // ruft implizit nummer::operator int() auf
 n = n2;                  // ruft implizit nummer2::operator nummer() auf
 beispiel(n2);            // ruft implizit nummer2::operator nummer() auf
}
```

Das Programm spezifiziert zwei implizite Typkonvertierungen: In der Klasse **nummer** definiert **operator int()** die Umwandlung eines **nummer**-Objekts in ein **int**-Objekt. Beachten Sie, daß im Prototyp kein Funktionswert angegeben wird - der Funktionswert ist durch den Operatornamen bereits festgelegt worden. In der Klasse **nummer2** definiert **operator nummer()** die Umwandlung eines **nummer2** in ein **nummer**-Objekt. Die Anweisung veranlaßt den Compiler, den **nummer::operator int()** aufzurufen, während

```
n = n2
```

implizit die **nummer2::operator nummer()**-Routine aufruft.

Die beiden Beispiele zeigen, daß der Compiler die Typkonvertierung auf verschiedene Weisen gleichwertig zuläßt - sobald sie definiert ist, wird sie implizit durchgeführt. Welche der beiden Möglichkeiten ist also vorzuziehen?

Für den Compiler besteht zwischen den beiden Formen kein Unterschied - die Entscheidung liegt daher beim Programmierer. Trotzdem ist eine der beiden Möglichkeiten meist vorgegeben: Wenn er die Zielklasse selbst definiert, kann er einen Konstruktor verwenden. Ist die Argumentklasse oder ein eingebauter Datentyp schon vorhanden, hat er gar keine andere Wahl, da ein **cast**-Operator Bestandteil der Argumentklasse sein müßte. Existiert die Zielklasse bereits, kann er einen Casting-Operator verwenden. Dasselbe ist der Fall, wenn die Zielklasse einer der eingebauten Datentypen ist, da diese keine Konstruktoren besitzen.

Es ist nicht erlaubt, Konvertierungs-Konstruktoren und **cast**-Operatoren nebeneinander zu definieren, da nicht eindeutig wäre, welche der beiden Routinen für die implizite Typkonvertierung verwendet werden soll. In diesem Fall gibt der Compiler eine Fehlermeldung aus.

10.4 Richtlinien für das Design von Typkonvertierungen

Nach dem im letzten Abschnitt die Vorteile und Möglichkeiten der Konvertierung zwischen benutzerdefinierten und eingebauten oder zwischen zwei benutzerdefinierten Datentypen gezeigt wurden, sollen hier einige Hinweise zur Handhabung der Typkonvertierungen das gesamte Kapitel abrunden und abschließen. In [Murr88] werden folgende Richtlinien für die Typkonvertierung von Datentypen vorgeschlagen:

- Erzeugen Sie nicht mehr als eine implizite Typkonvertierung für einen benutzerdefinierten Typ, solange dies nicht unbedingt erforderlich ist. Das bedeutet, daß ein Typ nur eine implizite und mehrere explizite Typkonvertierungen haben darf, wie das folgendeBeipiel zeigt:

```
class A;
class B;
class C;
class D {
  int i;
public:
  D(int x = 0) { i = x; }
  operator A();                          // implizite Typkonvertierung
// folgenden beiden expliziten Typkonvertierungen müssen vom
// Programmierer eingesetzt werden. Ein impliziter Aufruf durch den
// Complirer findet nicht statt:

B zu_B();                  // D -->B
C zu_C();                  // D-->C
};
```

- Ein Kovertierungs-Operator sollte immer einen komplexeren Typ in einen weniger komplexen Typ umwandeln. Wenn eine Klasse die Erweiterung einer anderen Klasse darstellt, sollte die Konvertierung immer die Erweiterung in die einfache Klasse umwandeln. Da zu einer Klasse mehrere Erweiterungen gebildet werden können, ermöglicht die Vorgehensweise, alle Erweiterungen eines einfachen Typs auf ähnliche Weise zu behandeln.

```
class A { };
class B {                              // B ist komplexer als A
  ;
A b_el;
public:
 ....;
 operator A();
};

class C {                              // C ist komplexer als A
.......
A c_el;
public:
......
operator A();
};

class D { // D ist eine Klasse, die in ihrer Bedeutung über A, B, C steht
public:
......;
void dd(A a);
};
```

In diesem Beispiel besitzen sowohl **B** wie auch **C** Konvertierungen zum einfacheren Typ **A** (**B** und **C** müssen nicht von **A** abgeleitet sein). Da die Klasse **D** eine Methode **dd** besitzt, die ein **A**-Argument erhält, dann kann **dd** wegen der impliziten Casting-Operatoren sowohl mit **A**-Objekte wie auch mit **B**- und **C**-Objekten aufgerufen werden. Zum Beispiel:

```
main()
{
 A a1;
 B b1, b2;
```

```
C c1;
D d1;
d1.dd(c1);                    // implizite cast-Operatoren
d1.dd(b2);
d1.dd(a1);
}
```

- Verwenden Sie keine implizite Typkonvertierung, wenn es nicht nötig ist. Unüberlegte Typkonvertierungen können späteren Anwendungen ihrer Klasse Probleme bereiten.

- Auch wechselseitige Konvertierungen sind akzeptabel. Sie können in bestimmten Situationen sogar sinvoll sein, wie zum Beispiel zwischen **double** und **rational**.

11 Eingabe und Ausgabe

In diesem Kapitel werden zum Abschluß einige Aspekte der Ein- und Ausgabe in C++ beschrieben. An dieser Stelle muß darauf hingewiesen werden, daß eine vollständige Beschreibung im Rahmen dieses Buches nicht möglich ist. Wir wollen einen systematischen Überblick über die generellen Möglichkeiten des Ein- und Ausgebens vermitteln, Einzelheiten muß der Programmierer jedoch entweder in Handbüchern nachschlagen oder, soweit es möglich ist, aus Implementationen der Sprache herausfinden.

Obwohl C++ durch die Kompatibilität zu C ein geeignetes Mittel für die Ein- und Ausgabe besitzt (die **stdio**-Bibliothek, die Ein- und Ausgabe-Funktionen wie **printf** und **scanf** enthält), wurde ein zusätzliches System - eine Ein-/Ausgabe-Bibliothek mit dem Namen **iostream** - definiert, um den Anforderungen an eine objektorientierte Programmiersprache besser gerecht zu werden. Auf Basis dieser Bibliothek arbeitet das ANSI-C++-Komitee an der Definition einer Standard-Ein-/Ausgabe-Bibliothek für C++.

In der **iostream**-Bibliothek sind bereits eine Reihe von Funktionen für die Ein- und Ausgabe von Standarddatentypen definiert. Um darauf zugreifen zu können, muß der Programmierer in seinem Programm die Direktive **#include <iostream.h>** angeben, wie es in einigen unserer Beispielprogramme der Fall war. Zusätzlich kann er einige dieser Operationen erweitern, um auch Klassen verarbeiten zu können.

Die Verwendung von **iostream** hat gegenüber dem Einsatz von **stdio** einige Vorteile: Die Syntax ist einfacher, eleganter und eingängiger, und die Mechanismen sind effizienter und flexibler. Die Formatierung der Ausgabe wird z.B. durch Überlade-Techniken vereinfacht, derselbe Operator kann sowohl für vordefinierte als auch für benutzerdefinierte Datentypen verwendet werden (vgl. Kapitel 11.4), was die komplexen **printf**-Parameterlisten zu vermeiden hilft.

Ausgehend von einem Stream (Strom) als Datenabstraktion für den Aufbau des Datenflusses zwischen einer Quelle (Produzent) und einem Ziel (Konsument) verfügt **iostream** über eine umfangreiche Klassenhierarchie für die Verwaltung von gepufferten und ungepufferten Ein-/Ausgaben für Dateien und logischen Geräteeinheiten. Diese Hierarchie ist folgendermaßen aufgebaut:

```
class ios;
class istream:   virtual public ios;
class ostream:   virtual public ios;
class iostream:  public istream, public ostream;
```

Die Eingabeoperationen werden von **istream** und die Ausgabeoperationen von **ostream** unterstützt. **iostream** ist sowohl von **istream** als auch von **ostream** abgeleitet: sie erlaubt die Ein-/Ausgabe in beiden Richtungen. Die **ostream**-Ausgabeoperation, als **Einfügen** bezeichnet, geschieht mit Hilfe des Schiebeoperators nach links (Einfügeoperators) ´<<´; ein Wert wird in den Ausgabestrom eingefügt. Die **istream**-Operation wird als **Extraktion** bezeichnet und mit Hilfe des Schiebeoperators nach rechts (Extraktionsoperators) ´>>´ gekennzeichnet. Der Wert wird aus dem Eingangsstrom extrahiert.

Die beiden Operatoren kann man sich leicht merken, indem man die Richtung betrachtet, in der die Daten übertragen werden. Zum Beispiel

```
<< x
```

gibt die Daten von **x** aus, während

>> x

die Daten nach **x** schiebt (in **x** schreibt).

Für den Anwender sind in C++ folgende vier Arten von Stream-Objekten definiert:

cin: ein Objekt der **istream**-Klasse, das der Standardeingabe zugeordnet ist, normalerweise Tastatur; entspricht **stdin** in C

cout: ein Objekt der **ostream**-Klasse, das mit der Standard-Ausgabe verbunden ist, normalerweise Bildschirm; entspricht **stdout** in C.

cerr: ein Objekt der **ostream**-Klasse, das der Standard-Fehlerausgabe zugeordnet ist und ungepufferte Ausgabe erlaubt, normalerweise Bildschirm; entspricht **stderr** in C.

clog: ein Objekt der **ostream**-Klasse, das mit der Standard-Fehlerausgabe verbunden ist, aber gepufferte Ausgabe erlaubt, normalerweise Bildschirm; keine Entsprechung in C.

Alle diese Standard-Streams können von und zu anderen Geräten und Dateien umgeleitet werden (in C gilt dies nur für **stdin** und **stdout**). Dateioperationen werden auch von den Eingabe- und Ausgabeanweisungen unterstützt. Ein Programmierer kann eine bestimmte Datei mit dem Programm verbinden, indem er eine Instanz einer der folgenden drei Klassentypen definiert:

ifsream: abgeleitet von **istream**, verbindet das Programm mit einer Datei für Eingaben.

ofstream: abgeleitet von **ostream**, verbindet das Programm mit einer Datei für Ausgaben.

fstream: abgeleitet von **iostream**, verbindet das Programm mit einer Datei sowohl für Ein- als auch Ausgaben.

Die **iostream**-Bibliothek unterstützt auch die interne Formatierung in Zeichenketten (Zeichenarrays). Dafür gibt es zwei Arten von Klassen:

istrstream: abgeleitet von **istream**, das Zeichen aus einer Zeichenkette übernimmt.

ostrstream: abgeleitet von **ostream**, das Zeichen in eine Zeichenkette schreibt.

In diesem Kapitel werden folgende Merkmale der Ein- und Ausgabe näher beschrieben:

- Unformatierte Ein- und Ausgabe,
- formatierte Ausgabe,
- Dateioperationen
- und Eingabe und Ausgabe für benutzerdefinierte Datentypen

11.1 Unformatierte Ein- und Ausgabe

Wie bereits bekannt bezeichnen

```
cin >> .... bzw. cout << ....
```

Möglichkeiten zur unformatierten Ein- und Ausgabe von Werten der fundamentalen Datentypen **int, long, double, char** und **char***. **cin** und **cout** bezeichnet man als Ströme, die laut Sprachstandard auf den Standard-Eingang bzw. Standard-Ausgang gelegt sind. Beide Operatoren >> und << , auch als Übernahme-Operator bzw. Übergabe-Operator bezeichnet, werden bei der unformatierten Ein- und Ausgabe auf **cin** bzw. **cout** angewandt. Die Wirkungsweisen dieser beiden Operatoren sind durch als öffentlich deklarierte Elemente der Klassen **istream** und **ostream** festgelegt:

```
class istream
 {.....
  public:
    istream& operator>>(char *);
    istream& operator>>(char &);
    istream& operator>>(short &);
    istream& operator>>(int &);
    istream& operator>>(long &);
    istream& operator>>(float &);
    istream& operator>>(double &);
    istream& get(char &);                       // Charakter
    istream& get(char *, int, char = `\n`);     // String
  .......
};

class ostream
  {......
  public:
    ostream &operator<<(?);
    ostream &operator<<(char *);
    ostream &operator<<(int);
    ostream &operator<<(long);
    ostream &operator<<(double);
    ostream &put(char);
  .....
};
```

An Hand eines kleinen Beispiels wird die Funktionsweise der Operatoren << und >> gezeigt:

```
#include <iostream.h>
int i = 5; double x = 22.4;
main()
{
 cout << "Die Werte von i und x sind " << i << " und " << x << "\n";
 cin >> i >> x;                    // identisch mit cin >> i; cin >> x;
 cout << "Die Werte von i und x sind " << i << " und " << x << "\n";
}
```

Die erste Zeile bewirkt die Ausgabe "Die Werte von i und x sind 5 und 22.4". Danach folgt eine neue Zeile ('**\n**'). Die nächste Anweisung ignoriert Leer-Zeichen, liest eingegebene Zeichen ein, konvertiert sie in **int** und schreibt sie in **i**, ignoriert folgendes Leer-Zeichen, liest die nächsten eingegebenen Zeichen ein, konvertiert sie in **double** und plaziert sie in **x**. Die letzte Anweisung ist eine Wiederholung der ersten Anweisung mit den neuen Werten der Variablen **i** und **x**. Der Operatoren >> und << kann auch einzeln angewandt werden, was meistens nicht sehr elegant ist.

Im Abschnitt 11.4 werden wir besprechen, wie sich die Operatoren für Ein- und Ausgabe (>> und <<) so erweitern lassen, daß sie genauso wie für Standarddatentypen auch für benutzerdefinierte Typen (Klassen) angewandt werden können.

11.2 Formatierte Ausgabe

Das Format von Eingaben und Ausgaben wird durch Formatstatus-Flags festgelegt, die in der Klasse **ios** als Aufzählungstypen definiert sind. Diese Flags werden an die abgeleiteten Klassen **ostream** und **istream** vererbt. Die Flags bestimmen für jeden aktiven Stream die Basiskonvertierung (dezimal, oktal, oder hexadezimal), Auffüllen links oder rechts, das Zahlen-Format (Fließkomma bzw. wissenschaftliche Notation oder Festkomma) und ob Leerzeichen bei der Eingabe ignoriert wird. Weitere Parameter definieren die Feldbreite bei der Ausgabe und die Zeichen für das Auffüllen. Die Flags sind auf die voreingestellte Formatierung gesetzt und können mit verschiedenen Elementfunktionen (z.B. **width, fill, setf, precision** u.a.) der Streamobjekte **cin** und **cout** vom Programmierer individuell oder in zusammengehörigen Gruppen getestet, gesetzt oder gelöscht werden. Einige Flags werden automatisch nach jeder Eingabe oder Ausgabe gelöscht. Im folgendem Beispiel wird die Benutzung der Funktionen **ios::width** und **ios::fill** gezeigt.

```
int i = 66;
cout.width(8);          // setzt die Feldbreite für die Ausgabe auf 8
cout.fill('+');         // setzt das Füllzeichen auf +
cout << i << '\n';      // Ausgabe von ++++++66, dann neue Zeile
                        // und die Feldbreite wird auf Null zurückgesetzt
```

Die Ausgabe ist rechtsbündig voreingestellt, Füllzeichen werden daher links eingefügt. Die Richtung des Auffüllens hängt von den Flags **left, right** und **internal** ab. Wenn die Breite (**width**) auf Null gesetzt wird (das entspricht der Voreinstellung), dann belegt die Anzeige so viele Bildschirmpositionen wie erforderlich.

setf und **unsetf** sind zwei generelle Funktionen für das Setzen oder Löschen von Formatstatus-Flags. Der Status wird in einem **long int** bitweise durch folgenden Aufzählungstyp bestimmt:

```
enum {
skipws   = 0x0001, // ignoriert Leerzeichen bei der Eingabe
left     = 0x0002, // links ausgerichtete Ausgabe
right    = 0x0004, // rechts ausgerichtete Ausgabe
internal = 0x0008, // Füllzeichen nach Vorzeichen- oder
                   // Basisindikator
dec      = 0x0010, // Dezimal-Konvertierung
```

```
oct        = 0x0020, // Oktal-Konvertierung
hex        = 0x0040, // hexadezimale Konvertierung
showbase   = 0x0080, // zeigt Basisindikator bei der Ausgabe
showpoint  = 0x0100, // zeigt Dezimalpunkt
uppercase  = 0x0200, // hexadezimale Ausgebe mit Großbuchstaben
showpos    = 0x0400, // zeigt + bei positiven Ganzzahlen
scientific = 0x0800, // benutzt Exponentialdarstellung bei Ausgabe
fixed      = 0x1000, // benutzt Festkommadarstellung bei Ausgabe
unitbuf    = 0x2000, // entleert alle streams nach der Übergabe
stdio      = 0x4000, // entlehrt stdio, stderr nach der Übergabe
};
```

Für die Funktion **setf** gibt es zwei überladene Instanzen:

```
setf(long , long);
setf(long);
```

Mit der Anweisung:

```
cout.setf(ios::left, ios::adjustfield);
```

wird das vorherige Beispiel als Ausgabe 66++++++ liefern. Das erste Argument, **ios::left**, verwendet **enum**-Mnemonics für die Bitpositionen (eventuell zusammen mit & und |), das zweite Argument, **ios::adjustfield**, gibt das Zielfeld im Formatstatus an. **unsetf** funktioniert im Prinzip genauso und löscht die ausgewählten Flags.

Außerdem steht dem Programmierer mit einer Reihe von sogenannten Manipulatoren (funktionsähnlichen Operatoren) eine sehr elegante Art zur Verfügung, Format-Flags zu setzen und andere Stream-Aufgaben durchzuführen. Dafür muß die Datei **iomanip.h** mittels **include** in sein Programm eingebunden werden. Manipulatoren erhalten eine Stream-Referenz als Argument und liefern eine Referenz an den selben Stream zurück. So können Manipulatoren in eine Kette von Übernahmen (oder Übergaben) eingebetet werden. Damit kann der Stream-Status geändert werden, ohne daß tatsächlich irgendwelche Übernahmen (oder Übergaben) stattfinden. So zum Beispiel ist

```
cout << setw(5) << i << setw(8) << j;
```

äquivalent mit

```
cout.width(5);
cout << i;
cout.width(8);
cout << j;
```

setw ist ein parametrisierter Manipulator (erfordert einen Parameter) genauso wie die Manipulatoren **setprecision**, **setiosflags**, **resetiosflags**, **setbase**, **setfill**, deklariert in **iomanip.h**. Es existieren auch nichtparametrisierte Manipulatoren wie **dec**, **hex**, **oct**, **ws**, **ends**, deklariert in **ios.h**, die die Zahlenbasis für die nachfolgenden Ausgabedaten dauerhaft ändern. Weitere nützliche Manipulatoren dieser Gruppe sind **endl** und **flush**.

Damit die Manipulatoren verwendet werden können, müssen die Header-Dateien, in denen sie deklariert sind, im Programm eingebunden werden. Zum Beispiel:

```
#include <iostream.h>
#include <iomanip.h>
int i = 36;

main() {
 cout << dec << i << " "
      << hex << i << " "
      << oct << i << endl;
}                          // dieses Programm gibt 36 24 44 aus.
```

Der Manipulator **endl** fügt eine neu Zeile ein und entleert den Stream. Man kann **ostream** auch durch **flush** entleeren.

Mit der Elementfunktion **precision(int)** kann die voreingestellte Anzahl der auszugebenden Nachkommastellen von sechs Ziffern bei einem Fließkommawert geändert werden. Das Beispiel

```
int genauigkeit;
cout.precision(4);
float k = 3.4567890;
cout << k;                          // Ausgabe 3.4567
genauigkeit = cout.precision();
cout << genauigkeit;                // Ausgabe 4
```

liefert die Ausgabe 3.4567 und dann 4. Wenn die **precision**-Funktion ohne Parameter aufgerufen wird, liefert sie die aktuelle Genauigkeit zurück.

Mit den hier angegebenen Hilfsmittel läßt sich bereits ein Großteil von Anwendungen problemlos abdecken. Weitere Besonderheiten der Ausgabeformatierungen würden den Rahmen dieses Buches sprengen.

11.3 Dateioperationen

Ebenso wie in anderen höheren Programmiersprachen existieren auch in C++ Operationen zur Ein- und Ausgabe von Dateien. Ein Programmierer, der in seinem Programm Dateien ein- und ausgeben will, muß zusätzlich zur Datei **iostream.h** die Deklarationsdatei **fstream.h** einbinden. Zum Beispiel:

```
#include <iostream.h>
#include <fstream.h>
```

Wie bereits am Anfang dieses Kapitels erwähnt, existieren folgende von **istream**, **ostream** bzw. **iostream** für die Benutzung von Dateien (Files) abgeleitete Klassen **ifstream**, **ofstream** bzw. **fstream**. Um ein Objekt einer dieser drei Klassen zu definieren, muß man direkt einen speziellen Konstruktor für eine physikalische Datei aufrufen oder die Datei später explizit mit einem Klassenobjekt mittels der Elementfunktion **open** verknüpfen. Zum Beispiel:

```
ofstream datei("Dateiname", ios::out);
```

oder

```
ofstream datei;
datei.open("Dateiname", ios::out);
```

Dabei legen die an **datei** übergebenen Argumente den Namen der Datei und den Modus fest, unter denen sie geöffnet werden soll. Alle Operationen auf **datei** werden somit entsprechend auf der physikalischen Datei **Dateiname** ausgeführt. Der zweite Parameter des Konstruktors bzw. der **open**-Funktion gibt einen der drei zulässigen Modi an, in dem auf die Datei zugegriffen werden darf:

```
ios::in       // lesender Zugriff
ios::out      // schreibender Zugriff
ios::app      // anhängender Zugriff('append')
```

Nur für **fstream**-Dateien stehen alle drei Modi zur Verfügung; eine **ifstream**-Datei kann dagegen nur lesend, eine **ofstream**-Datei entweder schreibend (**ios::out**) oder anhängend (**ios::app**) geöffnet werden.

Wenn eine bereits vorhandene Datei im Ausgabemodus geöffnet wird, gehen alle Daten in der Datei verloren. Wenn aber in dieser Datei neue Daten aufgenommen werden müssen, ohne die alten zu zerstören, muß die Datei im

Anhängemodus geöffnet werden. In beiden Modi wird die Datei zuerst angelegt, falls sie noch nicht vorhanden ist.

Immer wenn versucht wird, eine Datei zu lesen oder zu beschreiben, sollte man prüfen, ob sie korrekt geöffnet werden konnte. Der Test für unsere **datei** kann folgendermaßen aussehen:

```
if (!datei)
{
  cerr << " 'datei' kann nicht geöffnet werden\n"
  exit(-1);
}
```

Eine Datei kann mit Hilfe der Elementfunktion **close** vom Programm geschlossen werden. Zum Beispiel:

```
datei.close();
```

Im folgenden Programm werden fünf Dateien mit demselben **ifstream**-Objekt nacheinander geöffnet und wieder geschlossen:

```
#include <iostream.h>
#include <fstream.h>
Anz_dateien = 5;
char *Datainamen[ ] = {"januar", "februar", "märz", "april", "mai" };

main() {
 ifstream Ein_datei;
 for(int i = 0; i < Anz_dateien; ++i) {
  Ein_datei.open(Dateinamen[i], ios::in);
  if (!Ein_datei)                // prüfft, ob eine Ein_datei geöffnet wurde
  {
    cerr << " 'Ein_datei' kann nicht geöffnet werden\n"
    exit(-1);
```

```
  }
  Ein_datei.close();}
 return 0;
}
```

Die Objekte für Dateibehandlung (**fstream, ifstream, ofstream**) sind abgeleitete Objekte von **iostream, istream, ostream**, deshalb können alle Operationen der Basisklassen angewendet werden. Zum Beispiel:

```
datei << "Ausgabe: \n";
datei.put('b');
```

Durch folgende Definition wird ein Objekt **ea** der Klasse **fstream** für simultane Eingabe und Anhängen geöffnet,

```
fstream ea("einaus", ios::in | ios::app);
```

wobei der OR-Operator (|) der Angabe mehrerer Betriebsarten dient.

Zusätzlich können in o.g. Klassen einige wichtige Elementfunktionen benutzt werden. Alle **iostream**-Klassen können mit Hilfe einer der beiden Funktionen

```
seekp(long, seek_dir d = ios::beg)          // Schreiben
seekg(long, seek_dir d = ios::beg)          // Lesen
```

den "Schreib/Lesekopf" an eine bestimmte Position innerhalb der Datei setzen. Dadurch kann man in einer Datei an eine absolute Adresse oder zu einem bestimmten Byte-Offset springen. **seek_dir** ist eine Aufzählung mit drei Elementen:

ios:: beg	der Dateianfang
ios:: cur	die aktuelle Position, die mit **tellg()** ermittelt werden kann

ios:: end das Ende der Datei

Ein Aufruf mit den beiden Argumenten verschiebt die Position in der Datei um einen bestimmten Abstand. Das folgende Beispiel positioniert in der Datei bei jeder Iteration an den i-ten Datensatz:

```
for (i = 0; i < Anz_Datensatz; i++)
  datei.seekg(i * sizeof(Anz_Datensatz), ios::beg);
```

Das Argument **ios::beg** kann immer weggelassen werden, dann wird vom Anfang der Datei positioniert. Für das erste Argument kann auch ein negativer Wert angegeben werden. Eine neue Position innerhalb der Datei läßt sich durch folgende Anweisungen erreichen:

```
datei.seekg(-15, ios::end);        // positioeniert 15 Bytes vor Ende
datei.seekg(15, ios::cur);         // bewegt 15 Bytes vorwärts
datei.seekp(15, ios::beg);         // bewegt 15 Bytes vom Anfang
datei.seekg(datei.tellg() + sizeof(Datensatz));
datei.seekg(sizeof(Datensatz), ios::cur);
```

Die letzten beiden Anweisungen sind äquivalent und bewirken die Veränderung der aktuellen Position innerhalb der Datei um einen Datensatz nach vorn. Die aktuelle Position in einer Datei kann mit der Funktion **tellg** ermittelt oder mit **tellp** festgesetzt werden. Die Funktion liefert ein Ergebnis vom Typ **long**.

```
long pos = datei.tellg();
datei.tellp(pos);
```

Ein **iostream**-Objekt verwaltet eine Anzahl von Statusflags (auch Fehlerbits genannt), mit denen sich die Operationen eines Stromes überwachen lassen. Zur Abfrage der Zustände dieser Flags können folgende Elementfunktionen aufgerufen werden:

eof() - ist **wahr** (<>0), wenn das Dateiende erreicht ist. Zum Beispiel:

```
if (datei.eof()) datei.clear();
```

bad() liefert **wahr**, falls eine unerlaubte Operation auf-aufgerufen wird, wie zum Beispiel weiteres Lesen hinter dem Dateiende.

fail() - ist **wahr**, falls eine Operation nicht durchgeführt werden konnte oder falls **bad wahr** liefert, d.h. die Operation ungültig war.

good() - liefert dann **wahr**, wenn keine der Funktionen **eof**, **bad** oder **fail** wahr ist.

Wir haben schon erfahren, daß Objekte dieser Klassen einen überladenen Operator ! haben und wie er eingesetzt werden kann. Seine Wirkung entspricht der **fail**-Funktion, deshalb ist

```
if (!datei)
```

äquivalent zu

```
if (datei.fail()) .
```

Zum Schluß noch ein Beispiel, wie der Inhalt einer Datei verdoppelt oder in eine andere Datei kopiert wird:

```
#include <iostream.h>
#include <fstream.h>

ifstream datei1;
ofstream datei2;
```

```
main()
{
  datei1.open("eingabefile", ios::in | ios::add);
  if (!datei1) {
    cerr << "Datei eingabefile existiert nicht! \n";
  }
  else {
    datei2.open("ausgabefile",ios::out);   //wenn die Datei ausgabefile
                                           // existiert, wird sie überschrie-
                                           // ben, ansonsten wird eine neue
                                           // Datei erzeugt
  char ch;
  while (!datei1.eof()) {
    datei1.get(ch);
    datei1.put(ch);
    datei2.put(ch);
  }
  cout << "Kopiervorgang beendet ! \n";
}
```

Es empfiehlt sich, die kommentierten Header-Dateien auszudrucken, um zu sehen, wie die verschiedenen Stream-Klassen miteinander verwandt und wie ihre Elementfunktionen deklariert sind.

11.4 Ein- und Ausgabe für benutzerdefinierte Datentypen

Ein großer Vorteil von C++ ist wie bereits erwähnt die Möglichkeit, die Operatoren >> oder << zu überladen, um damit Ein- und Ausgabe für benutzerdefinierte Datentypen genau wie für Standarddatentypen zu ermöglichen. Betrachten wir als Beispiel folgende einfache Datenstruktur:

```
class empf {
public:
 char* name;
 int abt;
 double umsatz;
};
```

Um << und >> für die Ein- und Ausgabe von Objekten des Typs **empf** zu überladen, müssen wir folgende Definitionen benutzen:

```
ostream& operator<<(ostream& str, empf& e) {
 str << setw(25) << e.name << ":Abteilung" << setw(6) << e.abt << tab <<
 " Umsatz: " << e.umsatz << '\n';
 return str;
}

istream& operator>>(istream& str, empf& e) {
  str>>e.name>>e.abt>>e.umsatz;
  return str;
}
```

Das nächste Beispiel

```
# include <iostream.h>
# include <iomanip.h>                      // nicht vergessen
....
empf meyer =  "S.Meyer", 15, 10000 ;
cout << meyer;
```

ergibt folgende Ausgabe:

```
S.Meyer: Abteilung 15 Umsatz 10000
```

Bei dem Manipulator **tab** handelt es sich nicht um einen Standard-, sondern um einen benutzerdefinierten Manipulator. Diese Definition ist trivial, sorgt aber für eine bessere Lesbarkeit des Programmcodes.

```
ostream& tab(ostream& str) {
  return str << '\t';
}
```

Beachten muß man, daß die Operator-Funktion << ein zweistelliger Operator ist, der als Ergebnis **ostream&** - eine Referenz auf **ostream** - zurückliefert. Das Grundgerüst einer überladenen Definition von << sieht folgendermaßen aus:

```
ostream& operator<<(ostream& os, Klassentyp& )
{ // Verarbeitung für Klassentyp
  os << .... ;                    // Ausgabe der Elemente
  return os;                      // Rückgabe des ostream-Objekts
}
```

Das erste Argument ist eine **ostream**-Referenz, das zweite eine Referenz auf den entsprechenden Typ der Klasse. So kann der überladene Operator << wie der vordefinierte Übergabe-Operator in die Übergabekette eingefügt werden. Das Überladen des Operators >> erfolgt in ähnlicher Weise wie beim Einfügeoperator.

Das folgende Beispiel definiert für die Objekte der Klasse **polygon** (Vektor von XY-Paaren) die Operatoren << und >> um:

```
#include <iostream.h>
#include <iomanip.h>

const size = 5;
class polygon {
double X[size];
```

```
double Y[size];
public:
 polygon(int n, double = 0, double = 0,
          ..........,double = 0, double = 0);
 void operator()(int ind, double xw, double xw);
 friend istream& operator>>(istream& s, polygon& w);
 friend ostream& operator<<(ostream& s, polygon& w);
};
```

Hier folgen die Implementation der überladenen Operatoren << und >> und ein kleines Beispielprogramm für die Klasse **polygon**:

```
polygon::polygon (int n, double x1 = 0, double y1 = 0,
                        ......., double xn = 0, double yn = 0)
{
for (i = 0; i < n; i++)
      X[i] = xi; Y[i] = yi;
}

void operator() (int ind, double xw, double yw) {
 if (ind < 0 || ind > size)
  cerr << "index außerhalb";
 X[i] = xw;
 Y[i] = yw;
}

istream& operator>>(istream& s, polygon& w) {
 double wert;
 int index = 0;
 while (!s.bad() && !s.eof()) {
   s >> wert;
   w.X[index] = wert;
   if (s.bad() || s.eof()) break;
   s >> wert;
```

```
      w.Y[index] = wert;
      i++;
      if (index == size) break;
    }
  }

  ostream& operator<<(ostream& s, polygon& w) {
    s << tab << " X" << tab << " Y\n";
    for (int i=0; i < size; i++)
      s << i << tab << w.X[i] << tab << w.Y[i] << "\n";
    return s;
  }

  main()
  {
    polygon P(3, 3.13, 0.55, 7.54, 2.40, 5.23, 4.21);   // ein Dreieck
    cout << "P =\n" << P;
    polygon V(4);                  //ein Rechteck, dessen Eckpunkte interaktiv
                                   // eigegeben werden
    cin >> V;
    cout << "V =\n" << V;
  }
```

Die überladenen Einfüge- und Extraktionsoperatoren sind keine Klassenelemente und können deshalb auch nicht vererbt werden. Außerdem können sie nicht direkt zu virtuellen Funktionen gemacht werden.

12 Anhang

Für alle, die das Buch auch als ein Nachschlagewerk für C++ benutzen wollen, beinhaltet dieses Kapitel eine vollständige Auflistung der Elemente und die Grammatik der Sprache. Dies geschieht in einzelnen Anhängen über:

- Operatoren
- Schlüsselwörter
- besondere Zeichen
- Ausdrücke
- Anweisungen.

A. Tabelle der Operationen

In diesem Abschnitt wird ein Überblick über die Operatoren der Sprache C++ und ihre Prioritäten vermittelt. Unäre Operatoren und Zuweisungsoperatoren sind rechts-assoziativ, alle anderen Operatoren sind dagegen links-assoziativ, d.h. der Operator wird mit dem rechts- bzw. linksstehenden Operanden gruppiert. Ein C++-Programm nutzt folgende einzelne Symbole als Operatoren:

```
!    %    ^    &    *    ( )    -    +    =
|    ~    [ ]    :    >    ?    ,    .    /
```

sowie folgende Kombinationen

```
->   ++   –    .*   ->*  <<   >>   <=   >=   ==
!=   &&   ||   *=   /=   %=   +=   -=   >>=  <<=
&=   ^=   |=   ::
```

In der folgenden Tabelle befinden sich in jedem Block Operatoren gleicher Priorität. Ein Operator mit einer höheren Stufenangabe hat Vorrang vor einem mit einer niedrigeren Stufenangabe. Die Stufenangebe 17L bedeutet Stufe 17 links-assoziativ und 15R Stufe 15 rechts-assoziativ.

Operator	Bedeutung	Stufe
::	global Gültigkeitsbereich(unär)	17R
::	lokaler Gültigkeitsbereich(binär)	17L
->	Indirekte Auswahl	16L
.	Direkte Auswahl	16L
[]	Indizierung	16L
()	Funktionsaufruf	16L
()	Typkonstruktion	16L
sizeof	Typgröße/Objektgröße	16L
++	vorherige Inkrementierung	15R
++	nachfolgende Inkrementierung	15R
--	vorherige Dekrementierung	15R
--	nachfolgendeDekrementierung	15R
~	bitweises Komplement	15R
!	logisches Negation	15R
-	unäres Minus	15R
+	unäres Plus	15R
&	Adresse von	15R
*	Dereferenz	15R
new	kreieren	15R
delete	löschen	15R
delete[]	lösche Vektor	15R
()	Typkonvertierung(cast)	15R
.*	direkter Member-Zeiger-Auswahl	14L
->*	indirekter Member-Zeiger-Auswahl	14L
*	Multiplikation	13L
/	Division	13L

<table>
<tr><td>%</td><td>Modulo</td><td>13L</td></tr>
<tr><td>+</td><td>Addition</td><td>12L</td></tr>
<tr><td>-</td><td>Subtraktion</td><td>12L</td></tr>
<tr><td><<</td><td>Links verschieben(bitweise)</td><td>11L</td></tr>
<tr><td>>></td><td>Rechts verschieben(bitweise)</td><td>11L</td></tr>
<tr><td><</td><td>kleiner als</td><td>10L</td></tr>
<tr><td><=</td><td>kleiner gleich</td><td>10L</td></tr>
<tr><td>></td><td>größer als</td><td>10L</td></tr>
<tr><td>>=</td><td>größer gleich</td><td>10L</td></tr>
<tr><td>==</td><td>gleich</td><td>9L</td></tr>
<tr><td>!=</td><td>ungleich</td><td>9L</td></tr>
<tr><td>&</td><td>Bitweises UND</td><td>8L</td></tr>
<tr><td>^</td><td>Bitweises exklusives ODER</td><td>7L</td></tr>
<tr><td>|</td><td>Bitweises inklusives ODER</td><td>6L</td></tr>
<tr><td>&&</td><td>Logisches UND</td><td>5L</td></tr>
<tr><td>||</td><td>Logisches ODER</td><td>4L</td></tr>
<tr><td>?:</td><td>Arithmetisches IF</td><td>3L</td></tr>
<tr><td>=</td><td>Zuweisung</td><td>2R</td></tr>
<tr><td>*=</td><td>Zuweisungsprodukt</td><td>2R</td></tr>
<tr><td>/=</td><td>Zuweisungsquotient</td><td>2R</td></tr>
<tr><td>%=</td><td>Zuweisungsmodulo</td><td>2R</td></tr>
<tr><td>+=</td><td>Zuzeisungssumme</td><td>2R</td></tr>
<tr><td>-=</td><td>Zuweisungsdifferenz</td><td>2R</td></tr>
<tr><td><<=</td><td>Linksverschieben und zuweisen</td><td>2R</td></tr>
<tr><td>>>=</td><td>Rechtsverschieben und zuweisen</td><td>2R</td></tr>
<tr><td>&=</td><td>Bitweises UND und zuweisen</td><td>2R</td></tr>
<tr><td>|=</td><td>Bitweises ODER und zuweisen</td><td>2R</td></tr>
</table>

^=	Bitw. exkl. ODER und zuweisen	2R
,	Komma	1L

B. Tabelle der Schlüsselwörter

Die Schlüsselwörter in C++ sind für spezielle Zwecke reservierte Wörter, die nicht als normale Bezeichnernamen verwendet werden dürfen.

asm	*continue*	*float*	*new*	*signed*	*union*
auto	*default*	*for*	*operator*	*sizeof*	*unsigned*
break	*delete*	*friend*	*private*	*static*	*virtual*
case	*do*	*goto*	*protected*	*struct*	*void*
catch	*double*	*if*	*public*	*switch*	*volatile*
char	*else*	*inline*	*register*	*template*	*while*
class	*enum*	*int*	*return*	*this*	
const	*extern*	*long*	*short*	*typedef*	

Bei Turbo C++ und Borland C++ kommen noch folgende Schlüsselwürter dazu

far *huge* *near* *interupt* *pascal*

C. Tabelle der besonderen Zeichen

Folgende Zeichen haben eine spezielle Bedeutung und werden insbesondere zur Steuerung der Ausgabe verwendet. Sie werden oft Escape-Sequenzen genannt. Folgende Tabelle zeigt die Seqeunzen, ihren Wert und ihre Bedeutung:

Sequenz	Wert	Bedeutung
'\a'	0x07	Alarmton
'\b'	0x08	Backspace
'\f'	0x0C	Seitenvorschub
'\n'	0x0A	Zeilenvorschub
'\r'	0x0D	Wagenrücklauf(Carrage Return)
'\t'	0x09	Tabulator horizontal
'\v'	0x0B	Tabulator vertikal
'\\'	0x5C	Backslash
'\''	0x27	einfaches Anführungszeichen
'\?'	0x3F	Fragezeichen
'\"'	0x22	doppelte Anführungszeichen
'\0'		Null, der integer Wert 0
'\O'		Oktalziffern
'\xH'		Hexadezimalziffern

D. Tabelle der Ausdrücke

Ausdrücke werden nach folgender Syntax gebildet:

Primärer Ausdruck:
Literal:
Pseudo -Variable
(Ausdruck)
this
:: *Bezeichner*
:: *Operator-Funktions-Name*

Name

Literal:
Integer-Konstante
String-Konstante
Fließkomma-Konstante
String

Name:
Bezeichner
Operator-Funktions-Name
Konvertierungs-Funktions-Name
Qualifizierter-Name

Qualifizierter-Name
Klassen-Name:: Bezeichner
Klassen-Name:: Operator-Funktions-Name
Klassen-Name:: Klassen-Name
Klassen-Name:: ~Klassen-Name

Postfix-Ausdruck:
Primärer-Ausdruck
Postfix-Ausdruck [Ausdruck]
Postfix-Ausdruck (Ausdruck-Liste...)
Einfacher-Type-Name (Ausdruck-Liste...)
Postfix-Ausdruck.Name
Postfix-Ausdruck->Name
Postfix-Ausdruck++
Postfix-Ausdruck--

Ausdruck-Liste:
Zuweisungs-Ausdruck
Ausdruck-Liste, Zuweisungs-Ausdruck

Unärer Ausdruck:

Postfix-Ausdruck
++ Unärer-Ausdruck
-- Unärer-Ausdruck
Unärer Operator cast-Ausdruck
sizeof *Unärer-Ausdruck*
sizeof *(Type-Name)*
Reservierungs-Ausdruck
Freigabe-Ausdruck

Unärer-Operator: einer der folgenden
*& * + - ! ~*

Reservierungs-Ausdruck:
*::...***new** *Plazierung... Eingeschränkter-Typ-Name Initialisierer...*
*::...***new** *Plazierung... (Typ-Name) Initialisierer*

Plazierung:
(Ausdruck-Liste)

Eigeschränkter-Typ-Name
Typ-Bezeichner Eingeschränkter-Deklarator...

Eingeschränkter Deklarator
ptr-Operator Eingeschränkter-Operator...
Eingeschränkter-Operator[Ausdruck...]

Freigabe-Ausdruck:
::... **delete** *cast-Ausdruck*
::... **delete** *[Ausdruck] cast-Ausdruck*

cast-Ausdruck:
unärer-Ausdruck
(Type-Name) cast-Ausdruck

pm-Ausdruck:
cast-Ausdruck
pm-Ausdruck->* cast-Ausdruck
pm-Ausdruck.* cast-Ausdruck

Multiplikativer-Ausdruck:
pm-Ausdruck
Multiplikativer-Ausdruck * pm-Ausdruck
Multiplikativer-Ausdruck / pm-Ausdruck
Multiplikativer-Ausdruck % pm-Ausdruck

Additiver-Ausdruck:
Multiplikativer-Ausdruck
Additiver-Ausdruck + Multiplikativer-Ausdruck
Additiver-Ausdruck - Multiplikativer-Ausdruck

Schiebeoperations-Ausdruck:
Additiver-Ausdruck
Schiebeoperations-Ausdruck << Additiver-Ausdruck
Schiebeoperations-Ausdruck >> Additiver-Ausdruck

Relationaler-Ausdruck:
Schiebeoperations-Ausdruck
Relationaler-Ausdruck < Schiebeoperations-Ausdruck
Relationaler-Ausdruck > Schiebeoperations-Ausdruck
Relationaler-Ausdruck <= Schiebeoperations-Ausdruck
Relationaler-Ausdruck >= Schiebeoperations-Ausdruck

Gleichheits-Ausdruck
Relationaler-Ausdruck
Gleichheits-Ausdruck == Relationaler-Ausdruck
Gleichheits-Ausdruck != Relationaler-Ausdruck

UND-Ausdruck
Gleichheits-Ausdruck

UND-Ausdruck & Gleichheits-Ausdruck

Exklusives-ODER-Ausdruck (XOR-Ausdruck):
UND-Ausdruck
Exklusives-ODER-Ausdruck ^ UND-Ausdruck

Inklusives-ODER-Ausdruck:
Exklusives-ODER-Ausdruck
Inklusives-ODER-Ausdruck | Exklusives-ODER-Ausdruck

Logischer UND-Ausdruck:
Inklusives-ODER-Ausdruck
Logischer UND-Ausdruck && Inklusives-ODER-Ausdruck

Logischer ODER-Ausdruck:
Logischer UND-Ausdruck
Logischer ODER-Ausdruck || Logischer UND-Ausdruck

Bedingter-Ausdruck:
Logischer ODER-Ausdruck
Logischer ODER-Ausdruck ? Ausdruck : Bedingter-Ausdruck

Zuweisungs-Ausdruck:
Bedingter-Ausdruck
Unärer-Ausdruck Zuweisungs-Operator Zuweisungs-Ausdruck

Zuweisungs-Operator: einer der folgenden
= *= /= &= += -= <<= >>= &= ^=

Ausdruck:
Zuweisungs-Ausdruck
Ausdruck, Zuweisungs-Ausdruck

Konstanten-Ausdruck:
Bedingter-Ausdruck

E. Tabelle der Anweisungen

Folgende Tabelle zeigt die Syntax der verschiedenen Anweisungen:

Anweisung:
Sprungziel
Blockanweisung
Ausdruck-Anweisung
Auswahl_Anweisung
Wiederholungs-Anweisung
Sprung-Anweisung
Deklaration

Sprungziel:
Bezeichner: Anweisung
case *Konstanten-Ausdruck: Anweisung*
default: Anweisung

Blockanweisung:
{ Deklarations-Liste... Anweisungs-Liste...}

Deklarations-Liste:
Deklaration
Deklarations-Liste

Anweisungs-Liste:
Anweisung
Anweisungs-Liste Anweisung

Ausdruck-Anweisung:
Ausdruck...;

Auswahl-Anweisung:

if *(Ausdruck) Anweisung*
if *(Ausdruck) Anweisung* **else** *Anweisung*
switch *(Ausdruck) Anweisung*

Wiederholungs-Anweisung:
while *(Ausdruck) Anweisung*
do *Anweisung* **while** *(Ausdruck)*
for *([for-init-Anweisung];[Ausdruck]; [Ausdruck])*
Anweisung

for-init-Anweisung:
Ausdruck-Anweisung
Deklaration

Sprung-Anweisung:
break ;
continue ;
return *Ausdruck...* ;
goto *Bezeichner;*

Literaturverzeichnis

[Kemp90] Kempel,H.J./Pfander,G.: "Praxis der objektorientierten Programmierung", Hanser Verlag 1990

[Mitt90] Mittendorfer,J.: "Objektorientierte Programmierung mit C++ und Smalltalk, Addison-Wesley 1990

[Kebs90] Kebschull,G.: "Programieren mit Turbo C++", Vogel 1990

[Ecke90] Eckel,B.: "C++ Einführungskurs", McGraw-Hill 1990

[Kotu91] Kotulla,A.: "Effektiv Starten mit C++", Vieweg 1991

[Biel91] Bielecki,J.: "Von C zu C++, Objektprogrammierung mit C", Hüthig 1991

[Jell90] Jell,Th./Reeken,A.: "Objektorientiertes Programmieren mit C++", Hanser 1991

[Sun90] AT&T C++ Language System,
Reference Manual, 1990
Programmers Guide,1990

[Baus89] Bause,F./Tölle,W.: "Einführung in die Programmiersprache C++", Vieweg 1989

[Schi88] Schildt,H.: "C - Befehlsbibliothek", McGraw-Hill 1988

[Kell87] Kelley,A.: "C, Grundlagen und Anwendungen", Addison-Wesley 1987

[Lipp91] Lippman,S.B.: !C++ Einführung und Leitfaden", Addison-Wesley 1991, 2. Auflage

[Baus90] Bause,F./Tölle,W.: "C++ für Programmierer", Vieweg 1991

[Harb91] Harbison,S.P./Steele,G.L.: "C Ein Referenzhandbuch", Wolfram´s Fachverlag 1991

[Borl90] Borland Turbo C++ , 1990
Programmierhandbuch
Einführung

[Aupp91] Aupperle,M.: "Objektorientiert mit Turbo C++", Vieweg 1991

[Stro91] Stroustup,B.: "Die C++ Programmiersprache", Addison-Wesley, 1991, 2 Auflage

[Dewh90] Dewhust,St./Stark,K.: "Programmieren in C++", Hanser 1990

[Elli90] Ellis,M.A./Stroustrup,B.: "The Annoutated C++ Reference Manual", Addison-Wesley 1990

[Murr88] Murray,R.B.: "Building Well-Behaved Type Relationships in C++", Usenix C++ Conference Proceedings, Oktober 1988

[Pasc86] Pascoe,G.A.: "Elements of Object-Oriented Programming", Byte, August 1986, p. 139 - 144

[Wein90] Weinand,A./Gamma,E.: "ET++ - A Portable C++ Class Library for a UNIX Environment", Conference on OOPSLA, 21-25 October, Otawa, Canada

Index